中国核电风险的社会建构

21世纪以来公众对核电事务的参与

Social Construction of Nuclear Risks in China:
the Public's Participation in Civil Nuclear Issues from
the Start of the 21st Century

方 芗 ◎著

社会科学文献出版社
SOCIAL SCIENCES ACADEMIC PRESS (CHINA)

序　言

今天，我们都生活在德国社会学家乌尔里希·贝克所称的"风险社会"。当我们努力地和充满不确定性和恐惧性的新科技共存，当我们评估它们对人类自身、国家经济和生存环境造成的冲击，或者只是简单地比较不同类型的癌症疗法和能源产品的优缺点时，我们发现通过统计的方法所计算出来的概率几乎不能帮助我们作出准确的决定。社会科学学者并没有神奇的魔力去破解这些关于不确定性的困局。但是他们可以做大量的工作去区分不同的科学技术所存在的风险如何被不同的社会行动者所认知。通过这些研究社会学学者指出在社会范围内的咨询和磋商对于政策制定有积极的贡献，并在特定的政治和社会背景下推动更有效的风险治理。即使政府和大公司有权在不咨询民众的前提下作出决定，但是他们为了避免暴力反对（例如欧洲对于转基因作物的反对），通常会通过更民主的方式把大众纳入咨询和协助的政策制定程序中来。

方芗关于广东韩江上游拟建内陆核电站引发争议的研究既是一种创新又充满吸引力。方芗通过丰富的资料和富有话题性的案例研究说明在中国核电风险如何被不同的行动者（从领导人到农民，从技术专家到网民）认知与协商。她的研究对于福岛核危机后的风险治理和核电工业的风险管理的研究有重要的参考价值。相关研究在东亚社会已经变得非常重要，大量的研究者已经获得了一些研究成果，但来自中国方面的相关研究却非常缺乏。正如方芗所述，与核风险相关的研究已经成为西方国家关于风险的研究中最受欢迎的案例。同时，在日本、中国台湾和韩国（这些国家和地区都进行了大量的核电投资），科学技术学的学者均致力于对风险治理中错综复杂的关系进行研究，特别是核电工业中所牵扯的公众参与的有效性。但是方芗指出，在中国关于核电的话题尚需要给予更多的关注，在社会科学领域也需进行更加深入的研究。因此，她的研究无论是在实证研究还是理论探讨方面均有突出而卓越的贡献。在实证研究方面她的案例研究体现了优越的时效性，在理论探讨方面她把关于风险认知和风险治理等理论的讨论引入中国社会学研究中来。而在方法论方面她摒弃了传统的定量的数据调查方法，进行了定性的、细微深入的民族志分析，去解答人们在不同的权力位置上如何思考风险与利益的关系，如何谈判，信息如何传播、吸收或被排斥，最终如何通过磋商而形成决策。

　　一个在核电发展上的决策总是无可避免地引发社会和政治上的紧张关系。核电科技本身就牵扯着风险、利益、经济、环境、政治和道德问题之间错综复杂的关系。关于风险和利益的认知在不同的行动者和利益相关者之间存在何种差异？显然，国家领导者或者核工业企业的带头人对于发展核电所带来的风险和利益的判断有别于土地将被核电项目所征用的农民、地方政府的官员或代理人①。高科技的魅力和"放射性"让核工业产生了让世界各国政府无法抗拒的吸引力，它是国家的骄傲和科技成就的代表。对核能进行开发利用的能力传递着一种信息：代表着现代化的先进的国家形象。国家具有开发利用核能的能力就意味着树立了有责任、有效率、成熟的国际形象，从

————————

① 在"local community"和技术专家之间起到媒介作用的人。

此进入先进国家的行列。进入"高级俱乐部"需要一个超越国家的国际机构——国际原子能机构的批准。"俱乐部"成员需要展示的并不仅仅是超强的科学技术能力，更为重要的是可靠的管理和控制机制，既能充分发挥核能无与伦比的优势，又能有效控制它潜在的危险。

核能的潜在危险在规模和影响范围上往往都超出人类的预期。切尔诺贝利到现在为止还是一片被污染并荒废的区域。因为安全问题，直到 2013 年建筑工人才被允许在原来已经废弃的石棺外重新修建一个密封的混凝土石棺。福岛核危机产生的放射性废料和仍在渗透的废水不仅毁灭了当地生物及其生存环境，并且被认为是"日本的陷落"，"根据不计其数的媒体和政府分析……行业标准制定者与工业企业之间的共谋关系阻碍了应有的强制监管，国家的核工业象征着骄傲自大的文化，同时国家阻止媒体进行批判性的有洞察力的报道"。日本人感觉到了背叛：他们的政府错误地估计风险，还让居民以为政府能保证他们的安全。福岛灾难并不仅仅引发环境危机，还引发了政治合理性危机。

除此之外，还有小型的但是更为经常性的核电事故。例如，2008 年在法国特里斯坦核电站发生的放射性污水小量泄漏，导致当地的酿酒商更改葡萄酒的商标（把 Cotes de Tricastint 改为 Grignan-Les Adhemar），从而避免消费者害怕辐射污染而不购买当地的葡萄酒。其他的核电站带来的对水产品或海产品的影响，或者枯水期冷却水量不足所导致的核电站发电量减少等问题更是层出不穷……类似的地区性的、特殊情况下发生的偶然性社会风险并不会登上国际媒体头条。它们也不可能被作为政府、科学家或全球化核工业企业管理者对某个核电项目进行评估的依据。同样，当地方政府官员或当地居民被问到与核电有关的风险时，他们也不会认为这些特殊情况下的偶然风险真的会在当地发生。即使如方芗在她丰富的研究发现资料中所述，当地人通过各种途径（报纸、新闻、网络、家人和朋友告知）获悉这样的风险在别的核电站发生过，他们也会更关注与生活和健康相关的风险。例如，方芗在书中讨论了韩江下游的居民担心自己的饮用水受到污染，或是水产品受到影响。在核电站选址地周边的村民会因为大项目所带来的好处而兴奋；当地政府认为核电项目会使大埔县出名并获得更多的发展机会；普通居民虽然不认为项目会带来生活质量上的根本变化，但是至少能带来一些实惠（例如，便宜的电价）。但是当核电站运行之后，谁能保证这些大大小小的愿望能够实现？方芗所讨论的与风险和利益相关的认知是存在背景知识的，在不同的利益相关者之间有很大的差异，并会随时间点的不同而变化。但是无论核电项目上马还是只停留在计划阶段，我们都不希望它变成另一个像福岛一样的噩梦。

有一点是非常清楚的，在中国和其他地方核工业会持续发展下去。福岛核事故之后，许多国家暂停兴建新的核电设施，包括中国、英国和日本等。在这些国家中，即使是日本，暂停令也仅仅会持续数年。德国虽然会遵守诺言停建核电项目至2020年，但作为替代必须开始建设新的褐煤电站。在现有的气候变化和空气污染压力下，各国政府都在寻找替代能源。煤矿和褐煤一定会被取代，大型的水电大坝又存在环境生态影响，风能、太阳能和潮汐能等新能源的开发尚处于起步阶段，核能暂时还是能源提供率最高且环境代价最低的能源供给形式。我们只能希望在不久的将来科学家可以找到更安全的处理放射性废料的方法。核电现在仅占中国发电总量的2%，但是政府决定在2020年之前大力发展核电。到现在为止大量核电站依然建在沿海地区，政府正在大力推动内陆核电站建设，预计将在内陆省份建设 20 多个新核电站。毫无疑问，福岛核事故将给这一政策带来不小震动。正如国务院发展研究中心的研究人员王一楠所说："到 2013 年从关注核电发展的范围和数量转为关注质量和安全。"

随着中国的核电发展计划的进一步扩张，计划制订者必须处理新的技术上的风险，例如，克服在地震带建设核电站的技术风险。同时还要处理地方团体的参与问题。现在当地社团对于风险与利益的认知与当年建设核电站的沿海地区当地人的想法已经差异巨大。人们并不会因为自己处于劣势（缺乏资源、贫穷、受教育水平低）而必须去信任高科技产品。虽然起初大众对于核电项目只是提出质疑，并没有明确提出反对，但正如方苈所述，近年来，大众对于核电项目的质疑变得更为强烈，反对的力度也有所增加。核电问题与其他形式的环境问题、食品安全问题和健康保护运动一起形成了公共支持，大众产生关于合理性的思考，并将一些地区性项目的开发和引发的事件引入全国范围的讨论中。方苈的研究指出，大众对核电事务的参与有增强的趋势。在某些地区，反对核电项目者已经形成地方精英与媒体的联盟，从而使参与者通过体制内参与的模式获得官方的答复。同时，方苈还指出，当地的代表（人大代表、地方政府官员、有一定社会地位和网络的利益相关者等）不仅推动了上级政府对事件的参与和关注，同时还做好准备更有效率地为当地居民的利益和需要服务。

方苈的研究指出了中国要建立安全强大的能源工业体系所面临的许多挑战。她指出，对于国家的能源企业来说，除了要关注对风险和安全、成本与收益的科学评估外，还必须建立稳定的风险治理机制，这个治理机制一方面注重大众的意愿和权

益，另一方面还必须满足国家经济发展的需求，履行安全职
责。为此，必须尽可能了解各层次的利益相关者（国家到地
方）如何认知核电的风险和利益分配问题。最后方芗还为中国
未来的能源发展提出政策建议：核电发展中必须提高透明度，
加强政策制定者与地方团体的参与和彼此间真实有效的沟通。

爱丁堡大学　白馥兰教授

目　　录

引言
关于风险及现代性的议题

缘起：来自《风险社会》的冲击

2004 年 9 月我从中山大学岭南学院毕业前往英国约克大学社会学系攻读硕士学位，我选择的专业方向是当代社会研究（Social Research of Contemporary Sociology）。作为一个经管学院国际贸易专业毕业的本科生，社会学对我来说既陌生又神秘。在大四的时候我读了吉登斯的《社会学》，在学习政治经济学的时候接触过马克思的理论。这些是当时仅有的关于社会学学科的知识储备。

贝克写的《风险社会》是我在硕士学习期间接触的第一本专业著作。我原来以为当代社会研究的课程会是一些与社会经济发展、资源管理与社会福利相关的内容，以上内容至少与我的经济学背景有一定的联系，但是约克大学的社会学系以后现代理论和科学技术与社会的关系的研究为专长。当时的系主任耶利（Yearley）教授（也是我日后攻读博士学位时的导师）是环境社会学与科学知识社会学方面全英闻名的专家，他为我们讲授当代社会研究中有关风险与环境的主题。《风险社会》是当时他为我们指定的十余本读物中的一本。当时耶利教授这样对我说："贝克的这本书非常难读，一方面因为他是德国人，这本书是从德语翻译过来的；另一方面是他的思想很深，逻辑性太强,你可能会觉得很难理解。如果你实在读不下去的话,可以先看第 1~25 页的内容。"我在圣诞节的假期里把这 1~25 页来回读了十几次。书中的一些话引发了我的强烈思考:

> 在发达的现代性中,财富的社会生产系统地伴随着风险的社会生产。相应地,与短缺社会的分配相关的问题和冲突,同科技发展所产生的风险的生产、界定和分配所引起的问题和冲突相重叠(Beck,1992;贝克,2004)。
>
> 在西方高度发达的、富裕的福利国家,正在发生一种双重的过程。一方面,为了"每天的面包"的斗争,与在 20 世纪前半叶以及被饥饿折磨的第三世界人们相比,已经失去了它作为一个超越于其他问题之上的首要问题的紧迫性。对很多人来说,"超重"的问题代替了饥饿的问题。虽然这种发展状况削弱了现代化进程的合法基础——对明确的物质短缺的斗争——但我们还要准备接受它的一些(不再是完全)看不见的副作用(Beck,1992;贝克,2004)。

《风险社会》一书中强调了"风险"分配在发达国家将产生的影响。这样的论点挑战了我在经济学中学到的理论假设。经济学认为"稀缺"是一切社会分配和问题冲突的起点。正是因为不足,才需要研究社会的不同分配方式及经济行为。一个新的知识体系在我面前展开。现代社会的发展充满风险与未知。站在现代社会的门槛上,人类将面临着怎样的未来?科技的发展、环境的恶化……人类社会在征服自然的途中制造的各种问题不断涌现。风险越来越成为现代化发展过程中广受关注的议题。我们是否真的会如贝克所预言的那样开始进入后现代,然后进入风险社会?在人类不断求发展、求创新,努力征服自然，进入现代化生活的今天，我们是否真的要面临这样的历史转折点：人类社会从制造好的产品转为制造麻烦和风险？

但是，经济学的学科背景以及出生在改革开放后的现代化大潮中的生活背景深深地影响了我的思考方式。在硕士学习的前半段时间里，我始终无法找到对风险及现代性进行研究的突破口。在我当时的认知中，发展是必然的，没有任何一种力量能阻止现代化的进程，也不可能阻止现代化的进程。而高科技发展所带来的风险也并没有使现代社会变得比以往的社会更危险。核能、化学产品和生物技术确实存在一定的环境生态风险，但是与地震、海啸、洪水等自然灾害相比对人类的生命财产造成的影响反而更小。

关于风险的议题

风险这个词最早来自中世纪，与航海时期的安全有关，被用于指代会给航程带来重大危险的暗礁（Luhmann，1993）。因此，在中世纪以后的很长一段时间风险这个词被用于代表自然界中的危险事件，例如风暴、洪水或流行病。在风险一词的含义中不包括人为的错误或责任。因此，人们只能努力判断危险事件发生的可能性，并作出应对以降低风险的危害（Lupton，1999）。自17世纪开始，随着现代化的产生和发展风险的含义发生了变化。到19世纪风险的概念得到了引申，不仅仅指自然的部分，还加入了人类、人类的行动、人类与风险的关系，还有风险与社会之间的联系（Ewald，1993）。在现代化社会中风险的含义既有好的一面，也有坏的一面。风险代表一种可能性，当人们对自己的生活作出不同选择时，可能获得也可能失去，可能变得更好也可能面对危机。在现代社会中与金融相关的风险就是个很好的例子。投资股票或其他金融产品可以获得可观的收入，但同时也面临资金受损的危险。这一类的现代社会中对于风险的定义也恰恰是中国读者最为熟悉的。风险作为一个外来的词语，在中国的语境中更多地展现了它在现代社会中的含义。然而也有学者指出，在当代社会，也就是西方学界所谓的后现代社会中，风险更多地展现出其恐怖、危险，以及会带来坏处的一面。也就正如贝克在风险社会理论中讨论的那样，在现代化发展到后现代阶段，人类社会更多面临着风险坏的一面。

勒普顿在名为《风险》一书中指出了社会科学中关于风险的两种研究视角。一种是科学技术视角，这种视角认为风险是真实而客观存在的。而另一种是社会建构主义视角，这种视角关注风险所反映出的社会性与文化性。"社会文化视角强调风险被理解和协商的社会文化背景。"（Lupton，1999）这一视角强调风险的社会建构性，认为风险不能完全独立于信任系统和道德地位而被客观认识。当我们测量、定义和管理风险的时候，总是无法脱离其后的背景知识和话语体系。因此，风险的社会建构主义视角强调人类在对话的基础上形成的社会世界，强调知识形成的过程对于定义和认知风险的重要性以及社会传播的过程对于风险认知的重要性。但是风险的社会建构主义视角并不反对风险的客观存在性，它只是对风险形成的背景文化和社会作用进行强调。本书的研究也正是致力于强调大众认知风险背后的社会及文化力量。

关于核风险的选题

在大量阅读与现代性、环境风险和社会相关的书籍和文献的过程中我开始清晰化自己的研究方向和选题。在社会学的角度一部分学者强调现代科学技术风险的特殊性，以及风险日益成为全球社会核心问题的可能性（Beck，1992，1999；Giddens，1999）。例如，贝克指出如今人类社会必须面对的风险与以往我们有经验、可处理的风险有本质的区别。在工业化刚刚来临以及其发展过程中，人们已经依据经验设定了针对风险的保险体系。当火灾发生时，消防员可以处理；当车祸发生时，保险公司可以处理。但是如今，人类对科学技术产品的开发利用所产生的风险已经难以按现有的生活经验进行判断和评估。例如，当核电站发生事故后，按照经济逻辑操作的保险已无法对事故带来的巨大损失进行补偿，因为这类事故的发生涉及的远远不只是经济损失，还涉及医疗、心理、文化甚至是宗教等各方面的问题。吉登斯也在其关于现代性的理论中讨论了高科技风险，他把这种风险称为"被制造出来的风险"（Giddens，1999）。它区别于传统风险，更区别于自然灾害。它是现代社会必须面对和难以解决的问题。核能作为现代科学技术最高水平的代表，被认为是能源供给的重要保证，有效遏制温室气体排放的"清洁"能源，同时又是让人恐惧和担忧的核污染制造者。在核能的研发过程中，显然其风险更多地体现在技术层面上。但是当这种高科技产品通过商业化的运营被运用到社会生活中时，我们对其风险的讨论仅仅停留在技术层面上是远远不够的。社会科学正是要致力于深入研究社会上的行动者是如何认知核电风险并在认知的基础上建构核电风险的。

1. 核风险被广泛担忧的现状

核电作为一种高科技产品的代表，其风险一直以来是广受社会关注的议题。出于科学上、政治上和经济上的理性考虑，在核能发展初期西方社会的大众被鼓励去相信核风险非常小且在科学可控制的范围内发生，是可靠的、经济的清洁能源。然而核电事故及各种泄漏问题在世界范围内不断发生，公众几乎谈核色变。科学技术及政府有关部门不断重申核电发生事故的可能性极低，并且正在运行的核电站使用了新型的核电技术，绝不会发生类似的事故。

纵观世界各国，核能发展面临的最主要困境并不体现在技术和经济性方面，而是与大众对核风险的担忧密切相关。欧洲的核能发展在近 20 年来几乎处于停滞状态。以英国为例，1957 年英国首座核电站凯尔达霍尔（Calder Hall）在并网发电一年后发生的严重火灾以及政府在事件处理中对部分真相和事故后果的隐瞒使大众对核能的安全问题产生疑问。1957 年的火灾后来被学者认为是英国反核社会运动的开端。随后在 1979 年发生的美国三里岛事件和 1986 年发生的切尔诺贝利事件更是把英国核能发展推入进退维谷的窘境。凡·达晋雷（1992）的调查报告指出，切尔诺贝利事件之前英国有 68% 的民众反对核电站建设，而事件发生后的 90 年代初，这个数字上升为 80%。自 20 世纪 80 年代以来，英国政府数次以能源供给危机为由考虑重新启动核能项目，均因为民意的强烈反对而被迫搁置。1995 年建成投运的 Sizewell B 核反应堆成为英国目前为止最新的核电设施。2005 年以来由于气候变化日益成为更为严重的环境危机，布莱尔政府再度把发展核能作为最佳的解决方案提上议事日程。然而 7 年过去了，政府、大众和核工业企业还是无法就核电项目达成一致可行的发展方案。卡迪夫大学的尼克·皮金教授的研究团队在 2005 年对英国 1491 位 15 岁以上居民的抽样调查显示，91% 的样本认为气候变化正在发生。然而在这 91% 的样本中仅有 14% 的样本表示接受发展核能来缓解气候变化。欧洲其他国家的形势也不容乐观。德国、瑞典等国已经宣布永久放弃核能发展。就连核能发电量占全国发电总量70%以上的法国也宣布不再建设新核电站。美国的民意调查显示，从20世纪70年代中期到80年代早期，反对建设新核电站的民众比例从20%上升至60%。而一向对核能发电依赖度很高的日本，在"3·11"核事故后也宣布中止政府以前制订的能源发展计划。

2. 我国大众对核风险的担忧和认知、起步及形塑

我国大众对核能风险的担忧相对西方国家的大众来说表现得比较轻微。在日本福岛发生核事故以前，可以说，中国社会对核能的风险并没有广泛和普遍的认知。虽然随着大众的环境保护意识的日渐增强，在涉及核电项目的环境影响的问题上，利益相关者提出了一定的质疑和反对意见，但从社会大众的角度看，对核能风险问题还是处于相对不关心和不担忧的状态。然而福岛核危机带来的强烈反响激发和唤醒了我国大众对核能风险的认知和担忧。《南风窗》资深记者章剑锋在题为《中国反核行动浮出水面》的文章中指出："日本福岛核危机，让全世界的核电发展陷入困境，反核声音高涨。中国也不例外，从普通公众到科学界，原本潜在的反核力量开始面目清晰起来，声音也越来越大，他们要求信息更加透明，要求科技决策更加民主，这对高度发展中的中国核电不是坏事。""3·11"核事故确实重创了中国核电的发展。在重大事故带来的悲剧性后果面前，人们看到了小概率风险发生时的强大杀伤力。真实发生的事故形塑了大众对核风险的认知，基于这种强烈的不确定性，担忧的情绪产生并影响着风险的建构。因此，国家不得不对大力发展核电的政策进行调整。

从世界核能发展中大众对核风险的担忧和对发展核能的抵制，以及政府在事件中的无能为力来看，似乎贝克在《风险社会》中预言的情况在现实生活中得到了印证。"我怕"战胜了"我饿"成为主要的社会矛盾。即使在能源短缺和气候变化的双重压力下,大众对于核风险的恐惧依然使核能的发展陷入僵局。

研究的开展及深入

从 2004 年开始气候问题日渐引起欧洲乃至全世界国家的关注。作为缓解气候变化的其中一个方案,英国布莱尔政府自 2005 年开始重提发展核电的可能性。这是继英国最后一个核电站 Sizeswell B 自 1995 年建设完成后,英国政府再度讨论以核能作为电力来源的可行性。在这样的时间点上,我在约克大学完成的硕士论文就是对中国和英国的 4 份报纸关于核电的报道和评论的话语进行比较研究。这个可以算是我对于核电及其风险的社会建构这个议题研究的起点。当时在导师耶利教授的推荐下我选择了英国的《泰晤士报》和《卫报》2005 年 5 月 1 日至 8 月 1 日关于核电的报道和评论作为研究对象。在中国的报纸中我选择了《南方日报》和《羊城晚报》。这样的选择与其说是关于英国和中国报纸的比较,还不如说是基于英国的报纸和中国广东省的报纸的比较。在本书后面的研究中,读者会发现大量的田野调查也是在广东省开展的,本书中用到的案例也基本是发生在广东省内的群众参与事件。关于这一点我的解释如下。首先,广东省是我国的核电发展大省。全国首个大型商用核电站大亚湾核电站就坐落在广东省的深圳市,大亚湾核电站和与其毗邻的岭澳核电站组成了全国最为重要的核电基地之一——大亚湾核电基地。其次,广东省毗邻港澳,是我国经济发达的沿海省份,新闻报道及宣传各方面有着比较宽松的环

境。最后，当时广东省居民的环境健康及维权意识都比较强
烈。在 2005 年 5 月 1 日至 8 月 1 日这一段时间里我总共在《卫
报》和《泰晤士报》上找到与核电有关的新闻报道及评论 19
篇，其中新闻报道 12 篇，评论类文章 7 篇。在《南方日报》
及《羊城晚报》共找到新闻 4 篇，全是关于核电站发展的消息
报道，没有评论的内容。虽然所选研究对象的时间段较短，只
有 3 个月，但是从当时的研究发现来看，与英国的报纸相比，
中国广东省的报纸并没有对核电发展的政策、现状或科学技术
水平作任何的分析和评论，只是简单地报道发展现状，而且报
道量明显少于英国报纸。虽然说当时布莱尔政府正在讨论重开
核电发展大门导致英国关于核电及其风险的新闻和评论数字有
所增加，但是中国在当时也正在实行大力发展核电的政策。还
有报道指出，到 2020 年中国将新建 20 个核电站和 40 余个核
反应堆，核电发电量有望占全国发电总量的 8% ～10% 。我的
硕士论文的发现是中国的报纸并没有在话语陈述上建构核能的
风险，而英国的报纸却在新闻报道中不断地讨论、建构及传播
与核能风险有关的信息。

在约克大学取得了硕士学位后我被录取为约克大学社会学
系的博士研究生。由于当时的合作导师耶利教授受邀到爱丁堡
大学社会学系任教，我于是放弃了在约克大学攻读博士学位的
机会，于 2006 年跟随耶利教授来到爱丁堡大学继续进行博士
研究。这时以核电风险作为研究对象，以与现代化以及科学技
术风险相关的理论和概念作为研究的理论框架的想法已经比较
明晰。但是在研究应该选取的角度上，我与耶利教授存在一定
的分歧。我希望研究我国核电发展的政策决策和制定过程，讨
论政策制定者以及科学技术专家对核风险的认知建构过程。我
通过国内的关系买到了两本与我国核电发展的政策制定相关的

著作《中国核电发展战略研究》和《起步到发展——李鹏核电日记》。通过阅读这两本著作我了解了核电发展决策的历史过程，与当时的政策制定者在核电发展上的战略性考虑。但耶利教授认为应该把研究的目标定为普通的民众和利益相关者，因为他们对核风险的认知和建构过程才能说明核电风险的社会建构及大众对核电事务的参与模式。在西方社会，社会科学方面的研究者已经在英国、法国等地做过类似的研究。耶利教授给我推荐了几本相关著作。但是在 2006 年的一年中，我们并未就研究目标人群达成一致。我认为在当时的中国，核电发展就是由政府说了算的。虽然大亚湾核电站建设过程中香港居民确实发起过反核运动，但当时香港还处于英国管治之下，并且香港居民的反核运动也并没有影响大亚湾核电站项目的建设和并网发电。在 2006 年以前可以说中国并没有发生任何形式的居民对核电事务的参与活动，即使有也没有被媒体报道过。那研究对象该是谁呢？去问普通老百姓担不担心核电站的风险，他们知道什么是核电站吗？就连风险这个词中国的普通老百姓可能都不熟悉。按照英国大学的博士研究流程，第一年我必须通过开题会才能继续第二年的研究工作。2006 年年底我提交了 17000 字的研究报告，包括耶利教授及我的第二导师白馥兰（Francesca Bary）教授在内的 4 位开题会专家组并没有通过开题报告。他们一致认为我的研究对象还未明晰。专家组给了 4 页纸的正式会议决定。决定肯定了选题的研究价值和理论框架的学术性，但是指出研究设计模糊，不具可行性。专家组认为我不能开始田野调查。他们建议我回国，利用 3 个月的时间做一些前期研究，然后把研究设计明晰化，主要是要确定研究对象，然后再重新提交开题报告。2007 年年初，我带着这样的结果回到了中国。

2007 年 2 月 5 日《南方日报》"两会"特别报道专题用半版的篇幅作了题为《韩江上游拟建核电站，汕头、潮州代表团提出询出——1000 多万人饮水可能被污染？》的特别报道。文章呈现了潮州、汕头两市人大代表因为担心核电项目会污染饮用水资源而在广东省"两会"上要求召开咨询会的情况。在看到了这一新闻后，我顿时觉得，苦苦寻觅了一年多的研究对象终于浮出水面了。2 月 8 日，从小一起长大的表姐结婚，她先生的老家在梅州大埔县，我于是跟随表姐一家前往大埔县参加婚礼。在大埔县参加婚礼一周的时间里，我通过与当地人的交流了解到，原来梅州大埔县就是韩江上游拟建内陆核电站的选址地。而其中一个选址地就在表姐先生的老家所在的村子对面。真是踏破铁鞋无觅处，得来全不费功夫。在短短两周之内，我不但确定了一年以来一直模糊不清的研究对象，还找到了开展田野调查的地方。在此之前我一直认为博士研究是一个客观的过程，但从自身的经历来看，博士研究是一系列巧合、主观意愿与客观思考相结合的过程。2007 年 3 月我返回英国，重新提交了开题报告，在第二次开题会上介绍了自己准备以韩江上游拟建内陆核电站为案例展开田野调查，以大埔县的居民、潮州及汕头两市的人大代表为研究对象进行深入研究。专家组认为报告在研究对象方面已经明晰，但是专家组对我当时设计的研究方法还存在疑虑。我当时设计的是以案例研究（Case Study）为研究方法，运用文献资料、访谈、观察等数据收集方法进行田野数据的收集，预计调查时间为半年。但是白教授——我的第二导师、中国科学技术与历史方面的专家——对于案例研究的方法不认同。她希望我用民族志（Ethnography）的调查方法，在大埔县以及大埔县的村子里住上半年以上的时间，通过参与观察和访谈等数据收集方法了解社会及文化背景对于大众风险认知和建构的影响。几经修改，开题报告最终选定民族志形式的案例研究（Ethnography Style Case Study）作为研究方法。该研究以梅州大埔县拟建内陆核电站引发争议的案例为研究对象，在大埔县城及大埔县内的3个村子进行民族志调查。在每个调查地点我都需要与当地人建立联系以了解当地的文化、生活水平、人们之间的互动交流形式和生活方式这些看似与核风险没有直接关系的信息。我所研究的关于核风险的议题在人们的生活中所占的地位微不足道。民族志的调查法有助于收集人们无法用言语表达的信息，但这些信息反映了他们如何理解核风险。在开题报告一波三折、不断被质疑和修改的过程中我体验了英国社会学界对于博士研究的严谨与对田野调查和数据收集的重视。由于英国的社会研究基本上是走定性研究的路子，因此对于获得深入和可靠的一手资料的要求非常高。在求学过程中，我也见证着自己对学术的态度和对博士研究的认识的转变：把从重视理论研究，期望在书堆里和办公桌上完成博士研究的想法转变为从田野数据和实践中重新思考和不断完善理论的做法。

2007年5月我正式前往梅州大埔县开始田野调查。在大埔县的调查持续了两个多月。由于受到洪水的影响，在2007年夏季的调查中我无法到村里居住和展开调查。2007年8月底我前往汕头及潮州两市与参加广东省"两会"的人大代表进行了深入访谈。2008年1～3月我重回大埔县展开第二轮的田野调查。在这两次调查的基础上我完成了博士论文的撰写，本书前半部分的内容大多来自我的博士论文。

2010年我通过博士论文答辩后回国工作。起初我认为与核有关的议题在国内始终属于敏感话题，回国工作后再进行这方面的研究可能很难获得项目支持。另外一个考虑就是缺乏可深入研究的新案例。当时对国内"韩江上游拟建内陆核电站"及"银滩无核"网络反核运动两个案例的研究都已经在博士期间完成了。当我正准备放弃与核电风险相关的研究转而研究环境健康议题的时候，2011 年 3 月 11 日日本福岛核电站发生了严重事故。一时间核电的风险再次成为全球热议的话题。这次事故发生在中国的近邻日本，对中国造成的影响可想而知。2011 年 8 月我重返梅州大埔县，对原来调查过的地点进行回访，并于 2012 年 7 月前往大亚湾核电站所在的深圳大鹏区，研究居民对核风险的认知和建构过程。自 2011 年年底开始，我国的核电项目纷纷受到居民的反对和质疑。其中，引起较大关注的事件有 2011 年年底至 2012 年年初发生的安徽省望江县发文请求叫停江西彭泽核电站建设事件。事件的起因是几位老干部向国家有关部门递交的一份呼吁停建彭泽核电站的"陈情书"在网络上被广泛转载。随后事件发展为和彭泽县一江之隔的安徽省望江县以政府公文的形式，请求叫停江西彭泽核电站建设。该公文称："彭泽核电项目评定报告'人口数据失真、地震标准不符、临近工业集中区和民意调查走样'。"而在2013 年 7 月江门鹤山市发生的市民上街"散步"反对建设核燃料工业园，地方政府表示不会逆民意上马项目的事件，更加证实了大众核风险意识的觉醒。以上两个公众参与事件虽然不是著作的主体案例，但是在后文也会提及并加以分析。

中国大力发展核电的时期面临的挑战及困境

"中国核工业建设起步于 20 世纪 50 年代。1970 年 2 月 8 日，周总理正式提出中国要发展核电，并开始了核电站的科研、规划和设计等工作。党的十一届三中全会以后，中国政府开始正式安排核电站建设。制定了积极地、适当地发展核电的战略方针以及有重点、有步骤地建设核电站的战略部署。"（王喜元，2009）

自 20 世纪 70 年代周总理和 80 年代邓小平提出中国发展核电的战略思想以来，整个 80 年代国家建立了两座核电站，分别是 1991 年 12 月 15 日并网发电成功，装机容量为 30 万千瓦的秦山核电站一期和 1994 年并网发电的总装机容量为 2×90 万千瓦的大亚湾核电站。此后，岭澳核电站一、二期，秦山核电站二、三期，以及田湾核电站建设完成并网发电。2006 年年底在国内现有核电站运行情况良好、国际核电发展平稳向好的大环境下，中国核工业集团公司提出了加快我国核电站建设和发展的设想：到 2020 年核电要求达到 4000 万千瓦左右的装机容量，占全国电力装机容量的 4%。国家发展和改革委员会在 2007 年公布的《核电中长期发展规划（2005～2020 年）》也明确指出我国核电的发展目标为：到 2020 年我国核电装机总量将在现有的核电机组的基础上再增加将近 5 倍，达到 0.8 亿千瓦。近 5 年来，随着节能减排，发展低碳能源的需求日益迫切，积极发展核电成为我国"十二五"期间的重大战略选择。中国工程院院士杜祥琬指出："到 2050 年，核能将可以提供 15% 以上的一次性能源，核电将成为我国未来的主要能源之一。"（卫广钢，2011）可以说，在福岛核事故前，我国已经进入了大力发展核电的新的历史时期。在过去 50 余年从核弹到核电的探索过程中，我国核电发展的产业链已经成熟，为核工业的大力发展做好了准备。

但是在社会层面上核电发展需要面对的问题却很少在公共议程中得到讨论。这一情况与英国和美国 20 世纪 60 年代时的核电发展情况有一定的相似性。威尔士在《现代化的动员：核能时刻》一书中指出：1960 年，英美两国在科学社会运动（Scientific Social Movement）和现代化高速发展动力下推动核能的大力发展，在这样的大环境下原定的公众参与和核能发展并重良性互动的发展方式被遗忘。英美两国的核能发展均变得更为商业化及官僚化，其后果是大众参与的空间相应变小。核工业企业和政府推动着核工业的滚动式发展，而公众参与需要耗费大量的时间和资源，官僚化和商业化的运作把公众挤出核电项目的决策过程。然而，政策制定者忽略了科学社会运动背景下对核电的大力发展需要坚实的社会信任基础。社会必须信任科学家对于核电潜在优越性的判断。但事实上科学家的这种判断几乎没有建立在任何实证研究的基础上。这种对于发展核电的需求引发了关于核能的争论，并酝酿着自反性现代性①的到来。在英美两国大众开始提出关于反应堆安全、辐射、核燃料及核废料处理等问题的质疑。作为掌握着核电项目的投票权的大众与原子能科学运动之间的矛盾在各方面进一步深化。在英国核能的发展在经过了 20 世纪六七十年代的黄金期后，伴随而来的是反核社会运动的产生，随着切尔诺贝利事故的发生进入低谷。现代化本身对于科学技术进步的不懈追求形成了一种动员机制，导致社会接受度与核能的发展无法契合，最终使核能发展陷入困境。

　　与英美国家相比，中国一直以来受科学决定论的影响较小，历来崇尚天人合一的发展模式。但是受欧洲国家在科学技术和现代化的发展中初步崛起所带来的冲击，中国社会自 21

---

　　①　自反性现代性（Reflexive Modernization）：一种现代社会发展进程深入后的自我消解、自我反对。自反性与反思性有本质的区别：反思性强调积极的作用，反思是为了有更好的发展和改进；而自反性则较为消极，反映的是现代性中的自我推翻性。

世纪以来也进入了与英美 20 世纪 60 年代相类似的科学社会运动时期。中国在现代化的发展道路中前所未有地强调科学技术的力量。核能以其战略性地位成为中国科学技术发展的重要代表。然而在核能发展过程中，令发达国家陷入困境的反应堆安全、辐射、核燃料及核废料处理以及社会接受度问题却几乎没有被公开讨论过。随着大众的环境健康以及维权意识的增强，我国的核电项目开始面临利益相关的居民的质疑。但是中国的核电发展之路与英美国家的重大区别在于，我们在黄金期还未到来之际遭遇了福岛核事故。酝酿中的公众质疑一触即发。我国核电发展几乎面临着"逢上必反"的困境。中国核电未来必定面临着更为复杂与艰难的发展之路。

本书结构及内容梗概

本书共有八章内容。第一章是对理论和概念性框架的讨论。第一章中比较了社会科学领域当中社会学、社会人类学、社会心理学、环境社会学的相关理论和概念以及对核风险的讨论；讨论了科学知识社会学对于风险社会建构的讨论以及在实证研究的基础上对于风险社会理论的批判；介绍了英国生活在核电站周边的居民对于核电站的态度。在第一章我提出中国的核风险社会建构议题旨在围绕知识、权力与社会背景三个核心概念进行深入探讨。第二章主要介绍我国核电发展的历史过程、存在的问题及现状。这一章讨论了我国核电的经济性、技术引进之争论、反核活动及事件、废料处理等问题。最后还介绍了日本福岛核电站事故发生的始末及其影响。第三章开始进入研究的主体部分。本章介绍我的主要田野调查地——梅州大埔县及韩江流域的社会、文化及经济背景。勾勒出在现代化发

展的大环境下经济欠发达山区人民所面临的社会及自然环境的
变迁，分析他们在这种大环境下对自身身份的建构。第四章主
要讨论大埔县居民如何在经济、文化和政治等社会背景下建构
核电项目的风险。当地人对于风险的建构更多与自己对风险和
利益的理性判断有关。第五章主要讨论潮州、汕头两市的人大
代表如何围绕内陆核电站项目在询问会上提出自己的质疑。广
东省有关机构的代表和核工业企业的技术代表与人大代表的对
话展现了各自所掌握的定义风险的权力。而地方人大及人大代
表在有关民生的事务上开始展现其体制内参与的权力。第六章
分析福岛核电站发生事故后大埔县居民对于核电项目的信任态
度的转变。同时对于大亚湾附近居民的访谈也展示了生活在核
电站附近的居民对于核电站的安全性虽然缺乏信任，但是因为
缺乏改变现状的能力而只能无奈接受的现状。第七章以媒体和
网络社会作为分析对象。虽然在对于我国核事务的报道上传统
媒体受到各种限制，但是在报道外国核事故时却拥有一个宽松
的环境。而随着网络社会日渐成为大众分享核电知识和动员开
展反核运动的公共空间，我国传统媒体和网络媒体在反核事务
上的联动机制逐渐形成。第八章在主体章节案例研究的基础上
对相关理论进行回应并且给出发展核电的政策建议。

第一章
与核风险相关的理论及
已有研究评述

一　关于核风险的社会科学领域中不同
学科视角的思考

1. 社会学背景下的风险社会理论

贝克在其一系列讨论"风险社会"与"自反性现代化理论"的文献中反复强调现代风险与人类社会以往所面临的风险的区别（Beck，1992，1998，2008）。这个对于"现代风险之特殊性"的界定是贝克的风险社会理论的一个核心理论依据。《风险社会》德语版出版后的半年内，震惊全球的切尔诺贝利核电站爆炸事故发生了。当时，核电技术可谓世界上最先进的科学技术的代表。切尔诺贝利事故似乎用事实证明了"风险社会"的来临。一时间理论界引发了关于风险社会的讨论热潮。欧洲各国在该事故后面临着长期的核污染影响，以及广泛的社会恐慌及大众担忧。西方学术界关于现代科学技术的环境社会风险的研究也随之被推向高潮。从贝克（1992）的风险社会理论来看，核风险的特殊性使其备受关注并且引起广泛担忧，而核风险的特殊性主要体现在三个方面。首先，核能是现代化科学技术发展到极致的产物。一旦核设施发生事故，将给人类以及人类赖以生存的自然环境带来无法逆转的伤害。其次，核风险是一种人类没有历史经验的风险，即使是最为权威的科学技术专家也无法预测核事故的后果。即便不发生爆炸或严重的泄漏事故，核设施对于生活在其周边的居民是否造成健康危害也难以界定和查明。例如，在英国有核电站周边的居民认为核辐射是周边儿童癌症高发的原因，但是现有的科学技术研究都无法证明癌症高发与核辐射的相关性。由于缺乏经验和有效的科学技术手段对核风险进行定义，人类仿佛小白鼠般被置于核风险的亲身试验中，因此感到前所未有的恐惧和无力。再次，处于社会上层的掌握一定科学知识或者受教育程度高、社会地位高的人更容易意识到核风险并产生担忧，而受教育水平较低或不掌握专业知识的普通大众并不容易对核风险产生担忧。高社会阶层或高收入人群可以通过经济上和社会地位上的优势规避许多生活中常见的风险，但是核风险无法规避，并且更令掌握知识和有财富、地位的人感到担忧，而这部分人又更有能力把对风险的担忧提上公共议程。贝克（1992）强调：以核风险为代表的现代化社会的科学技术风险将要把人类社会推向新的纪元。风险成为社会的主要矛盾。人类社会从此由担忧物质上的稀缺转为担忧科学技术风险。因此，从贝克的风险社会与自反性现代化理论进路来看，大众对核风险的担忧以及对核项目的反对可以作如下解释。首先，核能是现代化科学技术发展到极致的产物，而核风险的特殊性决定了它被大众所担忧的结果。其次，现代社会发展是有自反性的，也就是说新的知识的产生总是不断地推翻旧的知识，在科学的领域中更是如此。一部分人由于掌握了更多的知识而质疑核能的安全性，这种知识在社会传播的过程中使核风险被社会建构，因此引发了大众的广泛担忧。最后，现实中真实发生的核事故使大众的担忧变成了事实，而所谓的掌握科学技术的专家却在事故前束手无策。因此大众不会再简单地相信专家，他们更加有选择性和小心地投放自己的信任。贝克（1992）在其关于自反性现代性的论述中指出，大众对于高科技产品风险的批判性参与会造成一种亚政治（Sub - politics）的后果。对于贝克来说，自反性现代性结合了与权力有关的特征，把一系列的社会部门及政治机构看作允许各种行动者积极参与谈判的关系（Welsh，2000）。以阶级、种族和性别为核心的传统政治矛盾进一步被以新闻、全球风险为核心的矛盾代替。贝克认为风险展现了一种平均效应。每一个人都为风险的全球性后果而担忧，富有的人和掌权的人也不能逃离这种新型的灾难和危险，例如全球变暖和核战争。在这种普世化的思维方式下，贝克认为在新的时代政治权力和统治只能脱去华丽的外衣适应新的全球形势。这就是贝克讨论的亚政治。在个别极端例子中我们似乎看到了亚政治的存在。其中核电就是一个有代表性的例子。从全球角度来看，确实有一定数量的资本主义国家因为受核风险的全球化影响以及国内大众的强烈反对而放弃发展核电。个人和各种社会团体似乎正如贝克所形容的那样获得了参与决策和磋商的机会，并且影响着政策制定。但是当我们深入地讨论贝克所谓的亚政治实现所选择的途径时，问题就产生了。首先，亚政治的产生需要对现有知识进行反思。贝克认为有一种放之四海而皆准的并且每个人均能获得并对现代科学进行反思的知识存在。而事实上任何一种知识的传播都需要一定的社会基础，并没有一种全球统一的新科学知识可以让人们均等地、毫无壁垒地获得。其次，贝克认为媒体对某些现代科技引发的灾难性事件的报道是大众形成新科学知识的基础。这一传播过程需要两个条件：第一，对环境及科技类风险的信息非常敏感并能理解其科学原理的中产阶级；第二，媒体在长期的宣传中获得的公共空间。但是威尔士提出一个这样的问题：一个资本主义社会培养起来的媒体如何起到引领推翻资本主义社会的革命性作用？（Welsh，2000）贝克把推动全球风险相关议题寄托于传媒事业中有能力的编辑的想法未免过于乐观。在科学技术领域中，就拿核电的例子来说，贝克高估了推动反核运动的专家对媒体编辑的影响力。媒体的报道往往并不会涉及过多的科学知识的内容，而更愿意讨论与伦理、社会影响和文化冲击相关的议题。简单来说，在报道科学技术的恶果的新闻中，媒体能起到引起大众的注意进而塑造风险认知的作用，但并不一定能传播知识。贝克关于风险的理论在备受关注的同时遭到了许多社会学者的批判和挑战。埃利奥特认为贝克过分强调了科学技术风险给人类社会带来灾难的必然性（Elliott，2002）。汉尼根指出贝克关于以核风险为代表的现代社会科学技术风险的论述存在一定的矛盾性，他在风险到底是真实存在还是由社会建构而来的问题上模棱两可。"他一方面把世界描绘成充满风险却可能是大毁灭式的风险，另一方面把这类风险看成是'尤为取决于社会定义和建构'的。"（汉尼根，2009）

贝克在最新的著作 *World at Risk* 中对受到的批判做了一定的澄清。他强调风险社会是为了指出现代化的成功给现代社会带来的问题。现代风险的出现使现代社会的机构设置受到前所未有的挑战。我们所生活的世界将成为一个大众为现代化发展成果所带来的可能的危险而担忧的世界。贝克在新作中进一步强调了风险与灾难的区别，他指出，"风险并不是灾难的同义词，风险意味着对灾难的预期"（Beck，2008）。贝克认为风险的真实存在性和它的社会建构性之间的界限变得越来越模糊。客观的风险是对于风险的不同文化背景的认知的产物。不同的人对于风险的不同认知像镜子一般照出我们对不同风险的恐惧与担忧。因此我们可以这样理解，贝克认为风险的社会建构性和风险的客观存在性是互为因果的。在这个因果关系中，风险的社会建构性是"因"，而其客观存在性是"果"。正是由于大众对风险的认知和建构才使现代社会的风险成为事实。

2. 社会心理学背景下的"风险社会放大"

与风险社会理论相比，"风险的社会放大"不能称为一个理论，而是一个集合了多种概念的风险研究框架。该框架提出的核心问题就是为什么一些被专业人士或机构评估为风险相对较低的灾害和事件可以借由社会传播过程变成特别受关注的事件，甚至成为政治活动的重心，而另一些在专业评估体系中危害更严重的事件却不受社会大众的关注（皮金、卡斯帕森、斯洛维奇，2010）。作为该框架中的重要概念贡献者，斯洛维奇（Slovic）1987 年在 *Science* 上发表了一篇题为《风险的认知》（"Perception of Risk"）的学术论文。该论文旨在解决两个问题：第一，为了解和预测大众对灾难的态度提供依据；第二，推动非专家、技术专家和政策制定者之间对于风险信息的有效沟通。斯洛维奇旨在找出大众认知以核能与化学产品为代表的现代科技产品的自然生态风险背后的复杂机制。他通过大量社会心理学的实证研究发现，实际上大众对核技术并不熟悉，他们一般通过直觉（Intuition）判断核风险。他把大众的这种行为称为"风险认知"。普通大众对于灾难的经验来自大众传媒的传播。而在技术方面，通常用风险评估来衡量灾难。因此，技术专家和政策制定者通过评估核设施的风险来决定发展计划。这就是非专家、技术专家与政策制定者之间关于核能发展的分歧所在：一方凭数据作出决策，另一方用直觉进行判断。一般情况下，通过科学计算和评估所得到的客观数据并不被普通大众所接受。核风险在"二战"时期开始受到西方社会的普遍关注。美国对日本的广岛和长崎使用原子弹所引发的一系列关于道德的争论超过了"二战"中其他所有争论的总和。随后，核电的发展过程中发生的多起重大事故，以及媒体对事故的广泛宣传形塑了大众的核风险意识。斯洛维奇在对风险认知的研究报告中指出，核电事故（例如美国三里岛核事故）对大众风险认知产生的影响远远大于事故造成的直接危害。事故对与该核电项目有关的政府部门和核工业企业造成的间接损失远大于直接损失。"不幸的事件就像石头被投入池塘中，水波向外扩散，首先波及直接受害者，然后是责任公司或政府部门，然后波及其他公司、部门和整个工业。"（Slovic，1987）

　　而在西方社会人们对核风险这种"恐怖性"风险的担忧又远大于风险发生率更高的日常风险，例如交通事故。因为他们在判断这种风险的同时把风险和其他恐怖事件的特质（例如，潜在的毁灭性后果、对后代的危害等）联系在一起，这就使（人们直接判断的）风险与专家对风险的发生率的统计大相径庭。但是政策制定往往依据专家对风险发生率的统计数据，而并不是普通人的判断。斯洛维奇的研究发现，人们认为核武器和核能风险的恐怖性在于它是"不被看见的""不可知的""新的""危害表现易被掩盖或延缓公布的"（Slovic，1987）。

　　在斯洛维奇的研究指出了人们根据直觉判断核风险以后，雷恩继续通过心理学研究深入探讨了人们对核电的认知形成的过程。雷恩通过对 39 人的研究样本进行分组，测试影响他们通过直觉判断风险的主要因素（Renn，1982）。研究发现，是否有自由选择权对于人们通过直觉判断风险产生最主要的影响。这一发现解释了为什么人们更担心核风险而不是日常生活中的风险。显然，与日常生活中人们可以自由选择是否吸烟、使用何种交通工具相比较，在核问题上人们缺乏自由选择的机会。除了分组实验，雷恩还对随机抽取的样本进行调查。调查把人们对于核能、煤炭和太阳能的态度进行比较。得出的结果是人们对于核能的态度最为负面。与核能相关的关键词中，只有两个正面的形容词：现代化的和科学的。调查显示，样本主观上不希望发展核能，但样本承认现实中需要发展核能。超过半数的样本认为到 2000 年核能将成为最重要的能源之一，但是只有 20% 的样本欢迎发展核能。通过心理学的分类，雷恩指出持五种不同社会政治态度对于核能的风险和利益的判断关系；对科学技术充满信心、生活态度保守的人认为核电的好处大于风险，有环境意识、对生活持非宿命论态度、期望更多参与的人认为核电的风险大于好处。因此从直觉的角度出发，反对核能是更自然的选择。但是大部分对现代化持消极态度的人并不会积极地反对发展核电。因为他们觉得反对也没有用，政府会想办法在没有公众参与的基础上推动核电发展。但是有很小一部分对科学以及政策制定者缺乏信心的中产阶级精英会把他们的负面看法转化为直接的反核行动。

因此在"风险的社会放大"的框架下，大众对核风险的担忧来自对核风险的直觉判断，而在核电站发生了灾难性的事故后，其风险在社会传播的过程中被"放大"（见图 1 - 1）。因此引发了大众对于技术专家团体、核工业企业及政策制定者的不信任，从而使核能发展陷入困境。

3. 社会人类学背景下的风险与文化

与贝克不同，道格拉斯和威尔德韦关于文化与风险的理论反复强调：在现代社会中，风险并没有增多，也没有变得更加恐怖，只是人们相比以前来说更能意识到现代科学技术发展带

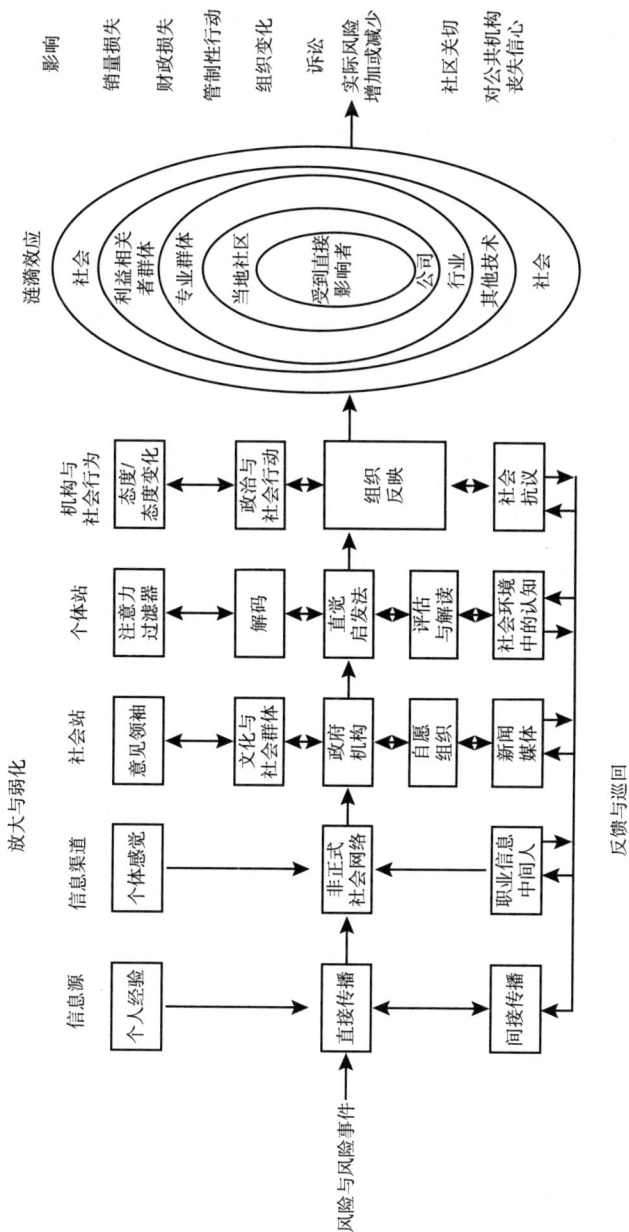

图 1-1　风险的社会放大框架

资料来源：皮金、卡斯帕森、斯洛维奇，2010。

来的环境风险（Douglas，M. A. and Wildavsky，A.，1982）。
同时道格拉斯和威尔德韦尝试回答的基本问题是：为什么人
们会强调一些风险，而忽略另一些风险？他们认为这与文化
有不可分割的关联。文化作为一种符号，体现了人类的价值
观。道格拉斯特别批判心理学对于个体的风险认知研究。她
认为："对于认识力（Cognition）和选择的专业研究无法持续
地创建关于社会影响力如何使某种风险受到重视的理论。"道
格拉斯和威尔德韦的理论试图说明的是：大众对现代科学技
术造成的环境风险的担忧和重视很少建立在科学证据或危险
事故发生的可能性上，而是由信息传递的过程中谁的声音占
了主导地位决定的。"在这种认识的基础上，风险的公众感知
和被接受程度是'集体建构'的。而对科学技术的环境风险
的社会建构来自一些特殊的社团群落对风险的认知。这些特
殊群落由那些热爱全球环境保护的人士（环境平权论者）所
组成。"道格拉斯和威尔德韦认为这些特殊群落本来处于社会
的边缘地带，属于边缘文化群落。正是这种边缘文化群落中
的平权论者对环境风险的强调和通过传媒的塑造，使这种边
缘文化得以集中展现在大众的视野里，从而使大众产生了人
类社会将步入风险社会的意识或者说是错觉。这与贝克和吉
登斯主张的大众对现代科技的环境风险的担忧将成为社会主
流的看法恰恰相反。汉尼根批评道格拉斯和威尔德韦把环境
平权主义看作一种类似宗教的团体，制造了关于环境风险的
担忧。拉什也批判道格拉斯对特殊社团群落的妖魔化。用道
格拉斯和威尔德韦的主张来解释，大众对核风险的广泛担忧
是建立在环境平权论者引起的大众对科学技术发展导致环境破
坏风险的担忧基础上的。这是由于关于环境风险的文化意识产
生后，核能的风险才会被强调和重视。

4. 环境社会学视角下的权力与风险的社会建构

汉尼根（2009）在环境社会学的学科领域中讨论了风险建构与权力之间的关系。他利用雷恩的"社会竞技场"概念讨论了风险建构过程中不同的行动者的权力如何影响他们对风险进行定义。"虽然说风险建构的一些要素出现在公共范畴以外，但竞技场中最重要的活动是由专业化的专家共同体所提倡的：科学家、工程师、律师、医师、公司经理、政治家等（赫尔戈特纳，1992）。这些技术专家是主要的社会建构者。他们设定的议程中，公众的直接参与往往只出现在最后阶段。"（汉尼根，2009）

汉尼根认为，在风险的社会竞技场里，定义风险是否可被接受的过程，取决于几个或多个组织的谈判。而在谈判的过程中权力才是起到决定性作用的因素。专家由于掌握专业知识获得权力，对科学技术产品提供客观及理性的评估。大众会被教育去接受专家的客观评估，而不再由于非理性恐惧而过分担忧核能、生物工程的风险。汉尼根还指出，在由风险的制造者（工业企业）和风险的仲裁者（政府）联合召开的听证会上，更能看到权力的差异。首先，风险的制造者在听证会上提供大量的所谓技术信息。而当居民无法理解这些信息时，则被认为是缺乏相应的专业知识而无法在听证会上表达自己的意见。与会的专家会树立一种中立而专业的形象。而官员和专家的话语都是"技术性的、模棱两可而需要深入考虑的"（Kamenstein，1988）。这种交流对话的方式正是为了避免居民与专家和官员就风险问题展开进一步的实质性讨论。因此可以说政府官员及专家运用权力控制会议，公众并不能在会上发表自己的主张，也不能依据自身的实际经验定义科学技术产品的风险。

5. 小结

以上四个不同的学科视角都是在社会建构的理论范式下讨论核风险如何被大众认知并在认知的基础上建构出来的。由于前三个学科视角均承认风险的真实存在性，所以它们都属于弱建构论的范畴。然而这三个学科视角在说明核风险如何引起大众担忧的问题上立场有别却互为补充。贝克和吉登斯都尝试把以核能为代表的科学技术风险作为一种新的、更令人类社会担忧和更值得关注的风险引入到有关社会秩序的讨论中来。他们认为，未来风险社会中，这种风险将成为社会的主要矛盾。风险社会理论的这一理论核心受到社会科学界的广泛质疑，包括道格拉斯和威尔德韦在内的许多学者均指出现代社会并不像贝克和吉登斯所认为的那样面临更多新型的风险，人类社会发展的过程中各种来自自然和社会的风险从未间断地出现，现代社会并不像贝克和吉登斯认为的那样以风险作为社会运行的核心矛盾。道格拉斯和威尔德韦的理论尝试把文化作为决定何种风险会在社会中被强调和担忧的核心依据。道格拉斯认为社会心理学对个体如何认知风险的研究无法说明大众为何选择担忧某一种风险。依据道格拉斯和威尔德韦的主张，环保平权主义者对环境风险的强调使其成为一种文化，在这种文化的基础上，大众会去关注和担忧核能对自然环境带来的不确定性。然而，虽然风险社会理论并没有讨论风险认知问题，而风险与文化理论实际上批判了对于个体的风险认知研究，但在实际运用中，当讨论某一个现实存在的风险如何被社会建构的问题时，风险认知研究不可避免地需要被提及和利用。斯洛维奇对于风险认知的研究恰恰印证了贝克和吉登斯关于核风险是不可知的新型风险的主张。而汉尼根关于风险建构与权力关系的分析属于强建构论。该理论视角强调权力分配如何直接决定定义风险的能力，而并不重视风险如何被认知的过程。

二　科学知识社会学中关于风险社会建构的讨论

科学知识社会学主要关注风险知识如何在社会中形成，核风险意识的形成受到哪些社会因素的影响。因此在科学知识社会学领域关于核风险的讨论主要集中在非专家知识与专家知识的对立方面。

贝克与吉登斯认为现代社会中的风险是真实的、普遍的及不可管理的。而在科学知识社会学领域中一批研究者（Wynne，1996；Irwin，1996，2001；Jasanoff，1999；Yearley，2005）从建构主义认知论的角度讨论风险。他们均强调大众掌握的非专家知识对于认知以核风险为代表的现代风险的重要性。而关于民用核能的争论一直以来被核工业企业及政府部门视为核"专家"和感情用事的大众之间的分歧。

1. 定义关于风险的非专家知识

在讨论非专家知识和专家知识的鸿沟以前，我们先来看看作者们是如何定义非专家知识的。贾瑟诺夫指出，在美国非专家的构成从来没有被适当地定义。但是美国法律确实定义了谁能被认定为专家。在这样的基础上我们可以把非专家定义为没有获得专业的教育、技能、知识或经验的人（Jasanoff，1998）。贾瑟诺夫同时指出这种定义的问题所在：一些非专家可以通过处理自己身边长期存在的风险而成为处理某种情境的专家，例如造成生命危害的疾病或潜在的环境危害；而专家有可能对于某一方面的风险情况掌握大量的知识储备，但在其他相关联问题上却只能被称为门外汉。温认为非专家的风险知识

来自他们的文化背景和每日的生活经验,同时受到他们无知
(Ignorance) 的影响 (Wynne, 1996)。温认为普通大众和专家
拥有不同的风险知识,但这两种知识应该受到平等的重视。但
是大众所掌握的知识被忽视,同时大众也对自己所掌握的知识
缺乏认识。对于风险的科学定义被认为是"客观的、自然的和
通用的",而大众的知识被认为是主观的、狭隘的和具有情绪
性 (Wynne, 1996)。温所做的著名的"牧羊人"研究有力地
证明了他的论点。1986 年的切尔诺贝利事故发生以后,放射
性物质对英国境内威尔士的羊群产生辐射。科学家通过一系列
的实验证明,受辐射的羊群可以在 6 周后代谢掉体内的辐射物
质。建立在这一系列科学研究的基础上,英国政府强制牧民延
迟出售羊毛和羊奶。然而在此后的 6 年甚至是更长的时间里,
一部分羊还是无法代谢掉体内的核辐射物质。牧民因此支付高
额的饲养费用,却始终无法出售羊毛和奶制品,从而蒙受了巨
大的损失。在这个事件中,温认为当地牧民的生活和生产经验
被忽视了,他们对风险和科学的认知没有被重视。因此,在大
众是否因为没有掌握足够的科学知识而担心科学技术风险的问
题上,社会学界一直存在分歧和争论。分歧和争论的重点在于
科学知识的社会建构性是否应该被强调。

2. 信任

贝克、吉登斯以及温对大众科学知识的争论不可避免地涉
及大众风险认知和建构问题中的另一个核心概念——信任。与
贝克相比,吉登斯把更多的笔墨放在讨论与信任相关的理论问
题上。吉登斯认为现代社会发展的其中一个特点就是信任关系
的转变 (从更加习惯性的有信心转变为有选择性的积极信任)
(Giddens, 1990, 1991)。基于这种信任关系的转变吉登斯区
分了前现代化 (Simple Modernity) 与后现代化 (Post Modernity)。

在后现代化中，吉登斯认为专家需要积极争取更有识别能力和反思能力的个人对专家体系的信任。这也正是温与吉登斯关于"信任"概念的最大分歧所在：吉登斯认为大众是因为掌握了科学知识，因而对技术的风险产生质疑；而温认为大众是否信任技术的安全性并不仅仅与他们的科学知识相关，更为重要的是与他们所处的社会背景相关，具体指他们对政府机构和技术部门及专家的依赖（Wynne，1996）。萨森其在比较分析了贝克、吉登斯和温对风险和信任的论述后提出信任除了思想认识上所体现的区别外还带有强烈的主动表现性（Szersynski，2009）。对别的事物表示信任应该更好地被理解为一种人们把负责任的态度融入关系中去的行为而不是一种意识。简单来说，当我们表达对某个人的信任时，我们不仅仅是出于思想上和对过往经验的反思而作出的意识上的选择，同时我们希望通过表达对这个人的信任而使这个人在行动上表现得更为可信。萨森其所强调的正是信任的这种积极作用。因此当人们通过语言表达信任的时候，这种语言体现了不同的功能，不只是形容这个世界，或表述角色或身份，而是要尝试改变世界。所以当人们表述与风险、信任和不信任相关的话语时，应该避免简单地把这种话语看作大众对风险的态度，这些话语还表述了人们期望去做或获取事物。关于信任认识上的分歧和积极作用的详细内容和分析过程我将在第六章结合案例进行讨论。

3. 对于客观的风险评估的批判

与非专家知识不同，专家知识被认为是对于风险的客观认识。风险评估作为计量风险的方法被引入政策制定的过程（Yearley，2005）。政策制定者利用风险评估决定风险控制的成本。但是耶利认为用风险评估的方式计量风险存在严重问题。第一，不同领域的风险难以进行有效的比较。例如，不应该用

同样的标准计量来自交通、工业和农业的风险。第二，每一个
领域的风险评估获得的数据来源相差很大。例如，来自交通事
故的经验数据远多于来自核事故的数据。第三，风险难以量
化。例如，我们很难客观地决定多少例严重性伤害等同于一例
普通的死亡。

通常在风险评估中符合标准条件的男性被用来代表平均人
（Average Person）。耶利用汽车气囊的例子来说明平均人在风
险评估中存在的问题。在美国被用以进行撞击测试的平均人是
体重大约为 78 公斤的标准身高的男性。撞击结果是设计机动
车气囊的依据。但是，事实上高于或矮于平均人的司机在事故
中反而会被气囊所伤。很明显，利用平均人代替各种乘客来进
行风险计量给人们的安全带来了巨大的隐患。

由于客观的风险评估存在着大量的技术问题，因此关于风
险的科学看法并不是普遍的，也不是在所有情况下都正确的，
那么就不可能存在完全客观的或科学的风险认识。从科学知识
社会学的角度，风险被认为是社会建构的。在这个学科背景下
风险是由文化、历史和政治在不同的社会背景下形塑的。

三　生活在核电站周围

瓦尔纳波斯及皮金等人认为，住在核电站周边的普通民众
对核电站的看法并不能被简单地认为是类似的和无差别的
（Venables & Pidgeon et al. , 2008）。因此在定量方面针对核电
站周边社区做的问卷调查也只能简单地了解民众对发展核电的
支持度。而现有的对于居住在核电站周边的普通民众的质性研
究基本上是通过深入访谈方法尝试了解每个个体如何根据自身
的实际情况和当地的社会背景来建构自己面对的核电站带来的

风险。但是现有的研究中缺乏一种可以把定性的研究和定量的调查联系起来的方法。因此皮金在他对生活在核电站周边的居民的研究中使用了社会心理学的研究方法：Q 方法（详细的介绍在下一部分）。利用 Q 方法把多年来对核电站周边居民的定量调查结果与他们如何认知核风险的定性访谈资料联系起来。

皮金的研究团队在 2007 年 4 月至 10 月间对英国的两个核电站所在地奥尔德伯里和布拉德韦尔的 84 位当地人，用 Q 方法进行研究。通过对研究数据的分析，皮金团队总结出了解释核电站周边的居民对核电站风险的看法的 4 个主要因素（Factor）。这 4 个因素分别是"有好处且安全""恐惧和不信任""无奈地接受""没有什么可担心的"。

因素一："有好处且安全"。

这个因素由两个元素构成：第一，核电站给当地和国家带来的利益；第二，对于安全和核电站运营的各种标准和条例的高度信任。84 个受试者中有 37 个被归为因素一，而其中有 36 个受试者（97%）对核电站持正面态度，30 个受试者（81%）同意在当地已有的核电站周边再兴建新的核电站。在这个因素类别中，核电被认为是安全和清洁的。受试者表示他们宁愿生活在核电站周围也不要生活在火电站或其他污染性工业设施周围。核电站被认为是保证英国能源供给的必要设施，虽然同时受试者指出对新能源的继续开发和利用也是必不可少的。在地区方面，核电站被认为是给当地社区带来重要利益的产业，而人们并不认为核电站会成为对当地有害的污染源。受试者对核电站的运营者能安全运营核电站有很高的信任度。受试者认为大众对核电感到害怕只是因为他们不了解核电站的运行原理。然而，得分最高的样本陈述（Statement）显示受试者的信任也带有一定的矛盾性。他们知道核电站也有它的弊端，但是就现在来说核电站是最好的选择。

因素二："恐惧和不信任"。

这个因素的主题是恐惧、不信任以及些微的社会动员。这个因素的受试者具有清晰的反核意识。29 个属于这一因素的受试者中有 24 人（83%）指出他们从总体上反对核电，有 28 人（97%）指出他们反对在当地再建新的核电站。受试者强调应该尽快停止对核电的利用，而转到新能源的利用。核电被认为是有风险且不清洁的。同时也不能依靠核电来解决气候变化问题和加强能源安全。这个因素中受试者的不信任态度也很突出，不信任的对象是核工业，以及日益猖獗的恐怖分子活动。受试者同时指出核废料处理和核电站的退役问题也值得重视。因此受试者表现出了一定的动员性，其目的在于反对把当地作为核废料的储存场所，反对在当地再兴建核电站。

因素三："无奈地接受"。

与之前的两个因素相比，因素三包含了较少的受试者，只有 8 个受试者被归为这个因素。这个因素体现了受试者无奈接受核电的强烈态度。8 个受试者中有 7 人表示出对核电的中立或接受的态度，有 4 人甚至对在当地重新建设核电站表示中立。这个因素表示受试者认为或许利用核电来解决气候变化问题及保证能源供给安全是可行的。虽然人们对核电的潜在风险有充分的认知，但是它仍然被认为是清洁和高效的能源。部分受试者表示在核能的问题上不知道应该信任谁，至少政府在这个问题上并不可信。但是从现实出发，无论人们喜欢核电与否，我们仍然需要保证能源供给，因此，新的核电站总是要被建在某个地方的，那么建在当地也并非无法接受。

因素四："没有什么可担心的"。

与因素三相似，这个因素也只是包含了少数的受试者，只有 4 个受试者被分析软件识别出来。但是这 4 个受试者选择了相对来说集中的看法。这部分受试者已经把核电站当成当地的一部分，而并不是他们特别担忧的东西，更多时候他们几乎忘记了核电站的存在。这部分受试者并没有表现出对核电站鲜明的反对或赞成态度。受试者表示知晓核电站存在着一定风险，但是他们以一种实用的和平常化的心态生活在其周边。

皮金团队的研究是在 2007 年进行的。英国政府在 2005 年开始讨论重开核电大门的可能性。出于对能源供给安全和气候变化问题的考虑，核电被当时的布莱尔政府视为一种强有力的能源供给方式。因此政府开始资助学界对英国大众对核电的看法进行各种类型的研究。皮金的团队首先组织了全国范围的调查，收集了大众对英国是否应该重新上马核电项目的看法。在调查和深入访谈的基础上进行 Q 方法研究，将定性研究和定量研究有效地结合在一起，并且对生活在核电站周边的人对核电项目的看法进行分类。从皮金团队获得的调查数据来看，当时生活在核电站周边的居民对核电站的态度并没有呈现大范围的反对，也没有如贝克的《风险社会》所描述的那样对核电站的风险表示恐惧和担忧。相反，一部分人基于对经济利益方面的理性考虑，反而认为核电站为地区经济和自己的生活带来了好处。即使人们表示知晓核电站的风险，也可以接受当地再建新的核电站。由此来看，在英国生活在核电站周边的当地人并不是大力反对核电项目的人群。

四　关于中国核风险社会建构的研究
旨在回答什么问题

综合上述西方社会科学领域对于风险的研究及各种理论框

架来看，知识（科学知识、专家知识、非专家知识）、权力（参与风险定义的权力、参与项目决策的权力）、社会背景（经济、文化、历史、政治）决定了风险建构的过程及结果。然而现有的理论对于上述重点理论的探讨都是在西方现代化社会发展的话语体系之下。那么在运用这一系列的理论解决中国核电发展面临的社会问题时，东西方迥异的知识体系、权力关系及社会背景正是我展开研究和讨论的意义所在。

1. 知识

在风险社会中贝克和吉登斯理所当然地把大众对于现代风险的认知与建构归因于大众获得了更多的科学知识。科学知识的增加与广泛社会传播是高科技风险被建构的条件。虽然温等人对这种看法提出了强有力的挑战和批判，但是温所强调的是非专家知识，也就是大众在日常生活中依据经验对于风险的判断。温认为这种非专家知识应该被认为与专家所掌握的科学知识同等重要且有同等的价值。反观中国的科学发展过程和知识体系，这两种假设的说服力都相当有限。

科学技术对于中国的知识体系来说可谓是一种外来的概念。虽然自新中国成立以来党和国家提出了发展科学技术和现代化的要求，但是中国的科学技术之路走得甚为崎岖。直到近年随着科学发展观的提出，我国才开始真正走上科技新邦的道路。然而有一些国内学者指出，中国的科技之路更为注重技术的开发和运用，而不是科学知识的普及和传播。在西方的研究体系中，真正被提出来加以深入研究的是科学知识，而科学知识在我国整体发展中的地位却非常薄弱。中国大众是否在核电问题上展现了他们的非专家知识正是本书要讨论的一个重点，因此在这里不详细叙述，在后面的第四章会围绕这个议题展开讨论。

2. 权力

在环境保护群体性事件频发的中国，我们似乎看到了亚政治的产生及其对政府在一些高技术项目上的决策的影响。例如，最典型的是 PX 项目、垃圾焚烧厂项目以及 2013 年以来初现端倪的核设施项目。那是不是可以说，在中国社会，居民由于担忧以上项目所带来的环境健康风险，以及有关这些项目的风险的知识经过传媒的传播与建构引发了更广泛的群众对于上述项目的自反性，而这种自反性赋予群众影响政治决策的权力呢？现有研究指出这样的权力关系并未产生。周志家（2011）对于厦门居民 PX 环境运动参与行为的动机分析指出："从总体上讲，西方的社会运动和集体抗争具有高度组织化和专业化特点，而在发展中国家权威体制下的政治环境下，公开的、有组织性的政治活动通常难以成为集体抗争的常态。"而厦门居民 PX 环境运动体现的是一种"环境自私主义，即这种运动虽然具有环境保护的目的，但对环境的关注基本上局限在自己所在的社区和区域，没有扩展到更大的范围"。在抗争性参与中，政治效能感有促进作用，对环境意识则有抑制作用。政治效能感的正面影响可以视为居民对自身政治风险的防范，即居民的抗争性参与是以政府会进行"理性"应对的预设为前提，是居民一种政治上自利的表现。因此周志家的结论是厦门市居民在 PX 环境运动中体现的是公民性的浅层。因此虽然看起来我国发生的群体性事件给予了居民参与决策的权力，但事实上，深入的研究却指出了居民对政府的依赖以及自利性。关于核电事务的参与中展现的权力关系将在第五章进行深入讨论。

3. 社会背景

社会科学领域关于风险的研究均指出风险与社会、政治和

文化背景的强烈相关性。现代社会风险被贝克定义为社会发展
到后现代化阶段的产物。本书需要回答的其中一个核心问题就
是在现代化发展的过程中中国人如何定义和理解风险。为了回
答这一问题，首先我们必须先对转型中的中国社会的政治和文
化背景有一个清晰的了解。关于风险与中国社会的议题对中国
学术界来说是一个崭新的话题。近年来也开始有中国学者讨论
变迁中的中国社会与风险的关系。复旦大学邓正来教授的研究
团队对贝克的理论做了系统的研究，并通过与贝克的对话解读
风险社会与中国的关系（贝克、邓正来、沈国麟，2010）。邓
正来等认为"当下中国的现代化同时拥有工业化和自反性的特
征"。因此中国的风险问题比西方社会更加复杂。现代中国社
会面临的风险既可以推动制度转型，同时也可以提高信息系统
的透明度。李友梅（2008）在题为《从财富分配到风险分配：
中国社会结构重组的一种新路径》的文章中讨论了风险作为对
我国社会结构进行重组的一种新的力量，"一方面，风险的弥
散性和普遍性使得跨越阶级、阶层、职业、性别、信仰和种族
而进行全社会动员成为可能，从新的角度和新的范围带动公民
社会的生产；另一方面，具体风险的分布又在一定程度上同阶
级、阶层的分化同构，强化后者的分化"。李友梅认为，从一
定程度上来说，虽然我国还处于现代化的初级阶段，但已经具
备风险社会的某些主要特质。这是由于，一方面，中国在全球
化的过程中不可避免地被卷入世界风险当中，我们不可避免地
面对全球经济危机、恐怖主义分子和全球性流行病等的冲击；
另一方面，对科技和经济发展的过分追求已经破坏了中国千百
年来天人合一的和谐理念。改革开放30多年以来，由于粗放
式的经济发展模式带来的环境和自然生态的破坏使中国面临严
重的生态危机。因此，现在的中国同时面临着新型的风险分配

对社会结构的影响，以及原来已存在的阶级财富分配上的不均。

五　来自"差序格局"的启发

费孝通（2007）在《乡土中国》一书中把西洋社会比喻成田里的捆柴，每个人都像一根柴一样属于固定的捆、扎、把。他把团体定义为社会的基本单位。社会上的人"常常由若干人组成一个个的团体"。团体是有一定界限的，谁是团体里的人，谁是团体外的人，不能模糊，一定得分清楚。在团体里的人是一伙，对于团体的关系是相同的，如果同一团体中有组织或等级分别，那也是事先规定的。与西洋社会相对界限分明的团体相比，费孝通认为中国社会的格局像投石入水所产生的波纹。每个人都是与他相关的社会圈子的核心，圈子间因为波及而产生联系。"每个人在某一时间某一地点所动用的圈子是不一定相同的。"因此中国社会就是以每个人自己为中心的富有伸缩性的网络。这个网络中的每一个圈子的界限是模糊的，又可以是相互重叠的。费孝通把中国社会这种模糊的网络关系称为"差序格局"。差序格局的概念虽然是在 20 世纪 40 年代基于农村研究的基础上提出的，但是对现代中国社会的种种问题还是有很高的解释度。冯仕政就用"差序格局"来解释为什么中国居民在遭受环境迫害时会成为沉默的大多数。冯仕政（2007）指出，根据调查显示中国城镇居民在受到环境危害之后采取的行动具有三个重要特征："第一，基本上是体制内行为，而不是体制外行为，即主要是利用而不是撇开，更不是排斥国家及其附属机构（如媒体）进行抗争；第二，基本上是个体行动，而不是集体行动；第三，这些行为都是围绕特定时间而发生的，是事件性的，而不是连续性的、习惯性的行为。"
这样的现象与西方社会的环境保护超越私利的计算成为新型社
会运动的代表的状况形成鲜明反差。因此，我们会发现西方环
境保护运动表现为"公"的、以正式的环境保护非政府组织主
导的、持续性地关注某个环境问题的行动方式；而中国的环境
抗争则表现为"私"的、由某些维权骨干或意见领袖发起的、
围绕某个项目进行的、希望获得政府重视而维护自身权益的行
动方式。费孝通所提出的中国社会的"差序格局"正好解释了
中国人"私"的问题。然而在此基础上，冯仕政（2007）指
出了"差序格局"对于居民在环境危害中选择抗争还是沉默
的行为反应的影响："那些社会经济地位高、社会关系强的人，
能够更多地表达自己的利益，从而得到国家的保护；而那些社
会经济地位低、社会关系弱的人，则无法使自己的环境利益被
国家所重视，只能充当'沉默的大多数'。"

六　方法论的讨论及反思

本书采用了以案例为基础的田野调查方法进行调研。2007
年 2 月 5 日，《南方日报》刊登了题为《韩江上游拟建核电站，
汕头、潮州代表提出询问——1000 多万人饮水可能被污染?》
的报道。根据该报道的信息，我发现内陆核事件的参与者是汕
头、潮州两市的人大代表。该报道中并未提及韩江上游核电站
选址地点附近居民对该项目的任何看法，同时上游选址地也没
有任何人员参与询问会。韩江上游的核电站选址地点周边的居
民如何看待该核电项目? 他们如何认知核电风险? 带着以上问
题，我于 2007～2008 年对广东省拟在韩江上游修建全国首座
内陆核电站案例，在梅州大埔县进行了为期半年的田野调查。

随后，在 2011 年 3 月 11 日福岛发生核危机后，我于 2011 年 8 月重返大埔县回访，目的在于了解大型核危机对大众风险认知的影响和塑造。本书的主要调研地点在大埔县城和大埔县境内的 3 个村子：A、B 和 C。A 村及 B 村是通过初步可行性调研的内陆选址所在地。

除了实地的田野调查以外，我在过去的 6 年中（2007 年 2 月至 2013 年 2 月）还对名为"大埔论坛"的网络社会进行了虚拟民族志调查（卜玉梅，2012）。随着互联网日益成为大众表达和交流意见的场所，网络社会观察能弥补实地调查的一些不足。同时网民在匿名的情况下更愿意对与核有关的敏感问题发表意见和进行争论。

2007～2008 年我采用民族志式的田野调查方法在梅州大埔县普通居民家居住了 3 个月，主要通过访谈法和参与观察法收集数据。

1. 访谈法

本研究中的访谈是以对话的形式展开的。它有别于标准的访谈，有时候更像是聊天，但是对话中包含了核心信息。访谈人数共计 48 人（详见表 1 - 1）。

表 1 - 1　受访者分类

受访人	数目	受访人	数目
大埔县政府部门相关人员	10	大埔县城普通居民	20
A、B 和 C 村委书记	3	A、B 和 C 普通村民	15

访谈方式包括单人访谈、小组访谈及电话访谈。由于受时间和语言的限制，访谈对象的选取采取了滚雪球的方式。我通过本次研究的守门人胡主任及他的妻子严老师以及他们在县城

的社会关系展开调研。在对县城居民进行单人访谈和小组访谈后，通过受访者在 A、B 和 C 3 个村的社会和家庭关系进行电话访谈了解了当地的一些情况，以及他们对核电站项目的知晓程度。在进行完电话调研后，我与镇政府领导取得联系，由镇政府牵头找到 A、B 和 C 3 个村的村委书记，安排 3 个村子的实地调研和访谈。3 个村子中的受访者由村委书记带入户的受访者和我在村里遇到的随机受访者共同组成。

2. 参与观察

在大埔县城及 A、B 和 C 3 个村子我通过观察他们的生活生产情况了解当地情况。大多数情况下参与观察是与访谈穿插进行的，所获得的信息作为访谈的补充材料被用于分析和理解当地人对核电项目的看法。

2011 年 8 月的回访中，我主要利用单独访谈法及小组访谈法结合的数据收集方法对 A、B 和 C 3 个村子的当地人和大埔县政府相关人员共计 25 人进行调研。由于核电问题存在一定的敏感性，在两个单元的访谈中，我均通过逐字笔录而不是录音的方式记录访谈数据。田野调查笔记是我进行数据分析的依据。我通过扎根理论的分析法对所作记录进行开放式编码，提取所需信息。2012 年 7 月我对生活在深圳大鹏区大亚湾核电站周边的居民展开调查，通过访谈、观察等方式了解他们对于生活在核电站周边的状况的看法。

第二章
中国核电发展的历史及现状

一 现状

我国的核电项目自 20 世纪 70 年代末期开始论证算起，已经经历了 30 余年的发展。现在国内有正在运行的核电机组 7 个，核反应堆 13 座（见表 2 - 1），总装机容量为 1122.8 万千瓦，约占我国发电总量的 2%。根据我国节能减排、发展低碳能源的战略指导，积极发展核电成为"十二五"期间的重大战略选择。中国工程院院士指出："到 2050 年，核能将可以提供 15% 以上的一次性能源，核电将成为我国未来的主要能源之一。"（卫广钢，2011）根据国家发展和改革委员会的《可再生能源中长期发展规划》提供的数据，到 2020 年我国核电装机总量将达到 0.6 亿千瓦，那么就是在现有核电机组的基础上再增加将近 5 倍。

表 2 - 1 我国核电发展情况

反应堆	技术来源	国产率（%）	装机容量（万千瓦）	运行年份（年）	所在地
大亚湾 1,2	压水堆（法国）	0	2 × 98.4	1994	广东深圳
秦山一期	压水堆（中国）	90	30	1994	浙江海盐
秦山二期 1,2	压水堆（法国，中国）	40	2 × 65	2002,2004	浙江海盐
秦山三期 1,2	重水堆（加拿大）	0	2 × 70	2002,2003	浙江海盐

反应堆	技术来源	国产率	装机容量 （万千瓦）	运行年份 （年）	所在地
岭澳一期 1,2	压水堆（法国）	20	2 × 99	2002,2003	广东深圳
岭澳二期 1,2	压水堆（中国）	95	2 × 108	2010,2011	广东深圳
田湾 1,2	压水堆 VVER（俄罗斯）		2 × 106	2007	江苏连云港
总数:13			1122.8		

资料来源：《核电中长期发展规划（2005~2020 年）》。

二 核能的利用

对于核能的利用主要是出于能源的安全供给、环境保护和满足能源需求这三方面的考虑。

1. 能源的安全供给

中国的能源供给一直以来主要依靠煤炭。燃煤发电占据全国发电总量的 70%，核电仅约占全国发电总量的 2%。中国的火力发电比例远高于国际平均水平，因此也使中国的碳排放居高不下，成为继美国之后的全球二氧化碳排放第二大国。国务院发展中心研究报告指出，过去依赖煤炭作为能源不利于我国能源的安全供给。因此大力发展核能以及新能源已经成为我国的重要能源安全发展战略。然而新能源发展进度慢、成本高，单位能源生产量也较低，例如，风能的发展就面临以下困境：首先，国家投入低；其次，风能的发电成本是火电发电成本的两倍以上；再次，由于受到设备成本和土地成本的制约，风能的发电成本不会随着发电量的上升而减少。我国的风能发电设备主要从瑞士和芬兰进口，除非国产化程度升高，否则设备成本无法降低。土地成本在未来更加呈现上升趋势。因此，新能源无法在短期内形成稳定的供给。因此，核电以其不产生温室气体、单位能效高、占地少等优势成为能源安全供给的有效组成部分。

2. 环境保护需求

除了上述的碳排放问题以外，火力发电引起的环境污染也十分严重。首先，由于大多数小到中型的火电站未安装脱硫系统，发电带来的硫化物对森林、水源和作物造成污染。其次，煤炭在运输过程中造成的环境污染也不容忽视。大量煤炭经由铁路系统运往我国南部和东部的过程中造成铁路沿线严重的粉尘污染。

3. 满足能源需求

保守估计，2035 年前中国的能源需求将持续上升，最终超越美国成为全球能源需求量最大的国家。由于受到煤炭、天然气、水资源等区域分配不平衡的影响，东南沿海经济发达地区能源供给一直以来处于紧张状态。在东南沿海地区发展核电是缓解当地能源需求的有效手段。我国的铀矿储量虽然并不丰富，但现有铀矿资源至少可以满足 100 年的发电需求。

除了以上三个主要考虑因素外，国家在发展核电的初期还存在"以核养核"的战略思路（李鹏，2004）。在发展核电的初期，国家还是希望通过民用核电的发展为军用核能的发展提供人力和经济上的支持。

三　核能的经济性

国际上广泛用以计算建设期的核电项目的预期发电成本的方法有两种。这两种方法均是由国际发供电联盟（UNIPED）提出的，一种是"全寿期平准化贴现发电成本法"（Lifetime

Levelised Generation Cost Method），另一种是"全寿期常币值平准化发电成本标准法"（Constant-money Levelised Cost Method）。刘江华、丁晓明（2008）指出：

> 全寿期平准化贴现发电成本法假定在电厂项目计算期内，以此成本（即价格）出售电能的收入贴现总额，刚好等于电厂计算寿期内的支出费用（包括在计算期内提取的退役基金）折现总额。它一般被用于拟建的发电项目，通过估算预期的平准化发电成本，对不同的备选机组进行经济性比较，同时由于该成本在电厂整个寿期内是一个常数，它考虑了折现（即投资方的资本回报），但不包括税收（一般来说，税收政策是国家之间、地区之间在产业政策上差异的体现），因此它还可以在不同国家或地区之间进行发电成本的比较。

石天卓（2009）指出：

> 全寿期常币值平准化发电成本标准法的实质就是考虑资金的时间价值，利用贴现原理求得一个在经济寿期内不变的等价单位发电成本，以此单位成本为基础计算得出的各年发电总成本的现值和，应等于各年实际发生的总成本（包括建设期的投资）的现值之和。采用常币值模型可消除通货膨胀引起的不确定性。

从以上两组研究者的分析来看，这两种方法主要考虑的都是资金的时间价值，因此贴现率的高低对核电的发电成本影响很大。这两种计算方法得出的共同结果是：一般情况下，当贴现率高于10%时，核电的发电成本高于煤电；而当贴现率低于5%时，核电的发电成本低于煤电。国务院发展研究中心在1999年用全寿期常币值平准化发电成本标准法对燃煤、天然气和核电站的发电成本所做的对比计算指出：当贴现率低于5%时，核电有经济优势；但当贴现率从5%上升至10%时，核电的经济性丧失。而当时我国的贴现率高于10%，所以从发电成本的平均值来看，核电相对煤电和气电的经济优势并不明显。

通过以上两种方法的计算，核电并没有明显的经济性。而且在我国对核电项目的成本计算过程中，有几个指标存在一定的问题。首先是退役费用的问题。中国的核电站年龄尚轻，按照核电站的平均寿命50年计算，1994年投运的大亚湾核电站的退役时间将在2044年。从英国、法国和美国的核电站退役情况来看，随着未知风险的进一步浮现，核电站的退役费用非常高昂，远远高于建设前所估算的费用。其次是废料处理问题。由于我国的核废料处理费用一直以来都是由国家专项拨款，所以这部分费用并没有被计入核电项目发展的成本中。随着市场化的进一步深化，在未来核工业企业将承担废料处理的研发、处置、运输等各方面的费用。这一因素也会使核电站的发电成本增加。

核电站的运营费用存在以上的不确定因素，煤电和气电的发电成本同时也有所提升。在安装了脱硫设备后，煤电的发电成本普遍上升了6%。而气电的不确定性来自天然气进口受到国际市场价格变动的影响。

对于国内已经在运的核电站，其发电成本则用电站的单位千瓦建设投资和上网电价这两个指标来计算。从国内在运的核电机组的上网电价情况来看（见图2-2），核电价格虽然不低，但是还是有较强的竞争力（刘江华、丁晓明，2008）。

表 2－2　核电电价与当地网区平均上网电价、煤电标杆电价的比较

单位：元

地区	平均上网电价	煤电脱核标杆电价	核电电价		核电电价与平均上网电价价差	核电电价与煤电标杆电价价差
广东	0.485	0.4532	平　均	0.415	－0.070	－0.0382
			大亚湾	0.414	－0.071	－0.0392
			岭　澳	0.429	－0.056	－0.0242
浙　江	0.441	0.4195	平　均	0.426	－0.015	0.0065
			秦山一期	0.420	－0.021	0.0005
			秦山二期	0.393	－0.048	－0.0265
			秦山三期	0.464	0.023	0.0445

资料来源：刘江华、丁晓明，2008。

四　关于核电技术的争论

核电的技术水平是一个国家核能发展的重要指标。现阶段，中国的核电在技术上走的是进口为主、国内技术为辅的道路。中国在运的核电机组均采用第二代技术，分别从法国、加拿大、俄罗斯进口。我国在运的核电站各项运行指标均高于世界平均水准，处于世界中上等水平（叶奇蓁，2010）。

核电技术在 20 世纪四五十年代被西方发达国家作为高科技和现代化发展水平的代表。例如在英国和法国，"二战"后对核能的利用是两国保持世界领先水平的重要基础（Hecht，1998；Welsh，2000）。对发达国家来说，核技术是统治世界的工具；而对发展中国家来说，核技术就是不被统治的工具。通过技术进口，在进口的过程中学习和培育本国技术是中国决策者在核电发展初期设定的路线。但是从我国核电近 30 年的发

展来看，技术路线可谓一波三折。中国技术始终处于边缘化的位置。北京大学政府管理学院教授路风，在题为《被放逐的"中国创造"——破解中国核电谜局》一文中指出，"中国核电用三十年的时间走过了'三轮引进'之路"。

国家在 20 世纪 80 年代的第一轮发展中确立了"引进 + 国产化"的路线；90 年代又经历了以纯购买为目的的第二轮引进；而在 2002～2003 年确定的新一轮核电发展路线依然是依靠对外引进，中国创造的道路越走越窄。对此，国内的技术专家发起过关于引进核电技术存在的运行风险的讨论。周在杞、陆卜良、周宇在题为《核电发展若干问题的探讨》的文章中提出："采取多国采购，五花八门的多种技术标准，给我国实现核电技术的标准化、系列化和国产化造成了很大困难。"周在杞等还指出我国核电发展的历史教训包括以下三点。第一，在使用何种堆型上政府主管部门一直没有达成共识。这些部门间的争论和分歧体现在轻水堆与重水堆之争、大容量与小容量之争、核电姓核还是姓电之争上（路风，2009）。第二，技术上缺乏统一管理。中国广东核电集团有限公司的项目基本采用RCC 规范标准，而中国核工业集团公司的项目却来自不同国家，五花八门。第三，在管理机制上一直在"军"和"民"之间摇摆不定。

关于在技术上缺乏统一管理这一点，在核工业和研究界有这样的说法：引进各国的技术和设备是为了平衡国际关系。陆风指出：

　　有一种局外人比较能够认同的解释是，购买核电站涉及大国政治，向多个国家购买是为了平衡大国之间的利益关系。这种解释不是没有道理，但如果有道理，也只能在一个前提下才成立，就是中国一定要向外国购买核电站。相反，如果中国的核电发展是走自主路线，那就没有哪个大国会觉得"不平衡"。

我认为，第三点才是中国核电一直以来无法实现自主化的最根本原因。在管理机制上中国广东核电集团有限公司是由广东核电合营公司演化而来，具有市场化的现代企业运营机制。而由国家二机部一步步演化而成的中国核工业集团公司却始终无法脱离计划经济的束缚。周在杞等指出：中国核工业集团公司保留政府职能实行核电管理，民用核电站没有从军工部门划分出来，也没有遵循市场经济规律，建立现代企业制度。"核电的发展采取'以民养军'的管理方式，结果国家为核电站投入的资金却用来作为民品的收入，中核总在商用核电发展中只能是摇摇摆摆、跌跌撞撞。1994 年，'核'与'电'的行业管理再次得到分离，但是 1998 年国务院又把'核电建设'主要职能交给国防科工委，导致行政管理体制的又一次不畅，甚至还有损于我国在和平利用原子能、保障核安全、民用发电、禁止核扩散方面的国际形象。"（周在杞、陆卜良、周宇，2009）

五　核电发展的决策过程——以大亚湾核电项目为例

大亚湾核电站是我国第一个大型商用核电站。它的建成和并网发电有着划时代的里程碑意义。读者可以从大亚湾核电项目的决策过程中看出当时的政策制定者是如何考虑国家的大型进口科技项目引进问题的。从《起步到发展——李鹏核电日记》的记录来看，政策制定者对项目的考虑有以下两点。

第一，从经济方面看，建设核电站既引进了外资，又找到了电力销售的稳定渠道（销往香港）。国家在没有投入一分钱的基础下 15 年内可以回收 45 亿美元的税金。

关于这一点在荣敬本和赖海荣（1999）的文章中可以得到印证：

但是，事实证明，所有这些技术问题和涉及公众安全的政治问题都比较容易地解决，真正困难的还是经济问题。在 1981 年和 1982 年两年内，国务院先后举行了五次讨论核电站建设的国务院常务会议，但前四次会议，一直没有作出最后决定，这里还是由于受长时期的计划经济思想的影响，例如，有人主张我们已有十几年的建设核工业的基础和经验，应该自力更生建设核电站，不应该同国外合建。其次，我们建核电站，把大部分电力输往香港，把风险留给自己，似乎吃亏，他们没有从市场经济的角度去看电力输出的重大意义，而是希望用计划经济老办法，由国家投资。但是，国家一下子拿不出相当于 40 亿美元的投资。在计划体制下，始终存在着各部门和地方同中央争投资的现象。在中央拿不出大笔投资的情况下，又有人建议用红水河水电站代替广东核电站。红水河位于广西境内，水量丰富，落差大，是兴建水电站的好地方，红水河的丰富水力资源是应当开发的，也可以部分供应广东。但是，（1）水电有季节性，还有枯水年，加上远距离供应广东电力，供电不稳定，并不能满足广东经济发展的需要；（2）更主要的是香港中华电力公司不会愿意远到广西去参与中国电力的开发。因此，问题还是回到要中央投资。国务院四次常务会议，经过反复讨论，似乎并没

有得出一致结论。看来，广东核电站的建设用计划经济
的办法步履维艰，只能采用市场经济的新路子了。核电站
建设总投资需要40多亿美元，能不能做到国家不拿出一
分钱，就把核电站建设起来？广东省和香港九龙中华电力
公司按照市场经济的原则提出了可行性报告，由粤港合资
组建合营企业，建设一座百万千瓦级双堆核电站，其所需
的40亿美元资金，除中方出资3亿美元（实际出资为等
值人民币，这笔钱从中国银行贷款，到期还本付息），港
方出资1亿美元，共4亿美元的股本金外，余款都通过出
口信贷和商业贷款解决。作为粤港合营企业，合营期为第
二台机组投产后20年。在头15年中，依靠核电站的收入
可把所筹措的贷款连本带利还清，同时也向国家依法纳
税，合营双方还可按股份逐年分利。20年合营期满，核
电站全部资产无偿移交中方，并将继续运行20年。由此
可见，这实际上是用香港和国外的钱、外国的技术，发展
我们自己的核电事业。双方互惠互利，共同促进经济和电
力的发展。

第二，从技术方面看，国家引进国外已经成熟的技术建
立大型商用核电站是打算选用他人的技术，进行消化然后再
进行利用，同时可以得到外国的贷款，这样比自己闭门造车
要强。

国家领导人和电力部门反复就大亚湾核电站建设问题讨论
了许多年（1981~1984年），考虑问题比较全面和慎重。但是
这个决策过程是由中央的高层领导人参与的，普通大众在大亚
湾核电站项目的论证和建设过程中并没有任何参与。

六 反核活动及事件

1. 香港居民"反大"行动

香港居民的"反大"行动与西方国家发生的反核运动有一定的相似性。"反大"行动由环境保护非政府组织发起，并受到媒体的广泛关注和报道。这次"反大"行动的目的是反映香港居民对核电站可能对自然环境带来的风险的担忧。大亚湾核电站离香港直线距离为 45 公里。核电项目计划和建设初期并没有引起香港居民的重视。然而 1986 年发生的切尔诺贝利事件引发了香港居民的反核情绪。1986 年 5 月 6 日，香港环保组织长青社、地球之友，以及当时由相关人士组成的核电关注组首先提出对核电项目的担忧，并且要求暂时停止项目建设。紧接着在 5 月 15 日，167 位大学教师发表公开联名信要求有关部门向公众提供有关的安全文件。从 5 月 27 日起至 6 月 5 日，《香港时报》、《明报》和《文汇报》等主要报刊共发表 478 篇有关大亚湾工程的报道，占当时香港报纸新闻总量的 10%。

在居民参与"反大"行动后，香港政府开始关注事件。同年的 7 月 11 日，香港立法会派出两个小组赴欧洲和美国学习核电站安全事务。8 月 13 日，"争取停建大亚湾核电厂联席会议"代表把 100400 位香港居民签名的要求停建大亚湾项目的请愿信从香港带到北京。9 月 20 日立法会委员访问北京。代表团与李鹏见面，并且询问了有关大亚湾的安全和操作管理问题。然而香港居民的反核行动并没有阻止大亚湾项目的上马。1986 年 9 月 23 日，中国、英国和法国签署了项目的合同和协议。这个结局使香港的反核行动走到了尽头。从此以后，香港的反核运动变得相对缓和。行动的重点从反对项目建设转向关注安全和风险管理问题。然而，1987年10月大亚湾核工程发生了一起重大的人为事故。建设一号反应堆的中方工程队在建设过程中漏放钢筋，被法马通公司的工程验收人员发现。这一事故导致一号反应堆无法按期完工。这一事件又引起香港居民的强烈反应。事件后的1988年1月，中央政府同意香港组建核电安全咨询小组。中国核工业部选出两位人员与咨询小组长期保持联系。他们每年召开两次会议交流有关大亚湾核电站的安全事务。

"反大"行动在香港最初由非政府机构组织，各大纸媒、普通居民、专业人士和公务人员均有参与。大亚湾项目在香港社会中一度被公开和热烈讨论。行动者有发出声音并获得当地和中央政府答复的渠道。该活动体现了自下而上的公众参与模式。

2. 银滩无核网络反核运动

乳山银滩作为国家4A级旅游度假风景区，自然环境极为优越，海水浴场及沙滩均处于国家优质水平。乳山市对房地产项目的开发更是吸引了许多北方大城市的投资者在银滩购房用于度假和退休后居住。2006年一些在山东乳山银滩购置了度假和退休物业的业主得知银滩将要建立核电站的信息。此消息一出即引起了轩然大波。眼看着如此秀美的自然环境要毁于核电项目之手，于是广大业主联合起来，以网络论坛作为战场，开展了他们所定义的网络反核运动。公民的网络反核运动主要包括如下几方面的内容。

第一，给当地的父母官、国家环保总局和发改委写信，反映意见以及强调银滩作为旅游度假风景区的自然环境优势。有网民给当地父母官写了一封题为《银滩的变迁》的信，陈述了银滩当地居民所经历的银滩近 30 年来的变化——银滩如何从一个荒凉之地发展成如今的著名风景名胜区，并且表达了对核电风险的担忧，以及对家乡环境可能遭到核电项目影响的担忧。2006 年 9 月 6 日，"大海环保公社"将 500 多人参与公开签名的联名信分别呈送到国家环保总局和国家海洋局。网民（ID 津鸣）将《山东乳山核电选址的不和谐因素》一文分别寄给了国家发改委、国家环保总局、国家核安全局、国务院信访局、《光明日报》和《科技日报》编辑部。

第二，在网络上发表自己的意见，同时通过宣传核电风险相关知识争取更广泛民众的参与和支持。参加这次银滩核电事件讨论的公民并不是居住于银滩本地，而是在银滩购买房产的"外地人"和对环境关注的环保团体和人士，大家的所在地天南地北。大家可以利用网络这个相对公开和自由的平台发表意见和进行讨论。关于银滩无核的网络讨论受到了许多本来不了解核电项目的公民的关注，因而争取到更广泛民众的支持。参加签名的人数一度从 2006 年 9 月的 500 人上升到 5000 人。

第三，组织在银滩沙滩上的反核活动，收集民众的反核意见，提交给当地政府。2007 年 5 月 1 日及 7 月中旬网民分别组织了五一银滩无核环保活动及夏季无核衫活动。这两个在银滩沙滩上举行的环保无核宣传活动均在当地造成了很大影响。据网民称，2007 年 5 月 28 日，在乳山市政府网站上出现了一条很不起眼的公告消息，这是红石顶核电筹建处发布的第一次征询公众评议的公告。网民在截止日期 6 月 12 日前在银滩收集公众意见 600 余条，上交当地政府，并在 6～8 月组织了其他的反核签名活动。

通过这样一系列的活动，虽然当地政府没有明确答复网民

关于核电项目是否继续，但网民通过《核电中长期发展规划
（2005～2020 年）》了解到，银滩核电被列为"需要进一步研
究厂址"的项目。网民认为他们的网络反核运动影响了政府决
策，该核电项目并没有被批准。

3. 安徽望江发文请求叫停江西彭泽核电站事件

据报道，江西彭泽核电项目是鄱阳湖生态区"头号工程"。
2011 年 5 月有关安全、环境的评定报告获得批复；3 年后，这
个核电站将并网发电。2012 年 2 月，和彭泽县一江之隔的安徽
省望江县，以政府公文的形式向上级部门递交申请，恳请取消
江西彭泽核电项目。名为《关于请求停止江西彭泽核电厂项目
建设的报告》（以下简称《报告》）的文件由安徽省安庆市望
江人民政府发出，该文件是望江县县长亲自签发的。《报告》
指出彭泽项目存在四大问题：人口数据失真、地震标准不符、
临近工业集中区和民意调查走样。望江县政府向上级部门递交
的《报告》大部分内容来自几位老干部所写的一份关于叫停
彭泽项目的万言"陈情书"。老干部中的一位退休前是当地的
法院院长，几位老干部在得知与望江仅一江之隔的彭泽要建设
内陆核电站之后，通过实地走访和互联网搜索的方法了解情
况，发现了建核电站的三个问题：选址、环评和安全评估。经
过半个月搜索了 60 余个网页，老干部们浏览了 10 万多字的资
料，完成了 1 万多字的"陈情书"。网易新闻等 10 多家网络媒
体报道了《报告》的内容。《报告》中的第一个标题是《选址
评估：突破了好几道红线》。① 当中的内容指出："根据环保部
《核动力厂环境辐射防护规定》，厂址半径 5 公里规划限制区内

---

① 《安徽望江县发文要求叫停江西彭泽县核电厂建设》，http：//news. ifeng. com/
mainland/detail_ 2012_ 02/08/12362389_ 0. shtml？_ sns。

如有 1 万人以上的乡镇，半径 10 公里范围内如有 10 万人以上的城镇等，都不宜建核动力厂。""彭泽核电厂项目所在地半径 10 公里范围内涉及望江县华阳镇、杨湾镇、太慈镇等多个乡镇，其中半径 3.2 公里至 10.9 公里范围内的华阳镇常住人口就达 17 万，流动人口 3 万。而彭泽核电厂在 2006 年上报的评估材料以及 2008 年修改之后的人口数据均存在严重失实问题。"《报告》还指出：

> 核电厂所处的江西九江位于"九江－靖安"断裂带上，地震较为活跃，近十年已发生 5 次震级在 3.2～5.7 级的地震，该核电厂却在选址影响报告书中称，厂址附近范围不存在第四季活动断层，属于弱震区。
>
> 核电厂临近工业集中区，当初该厂选址阶段的环评报告称 15 公里半径范围内无大中型企业与事实不符。[①]

由此可见，彭泽核电项目突破了厂址人口密度红线、地震标准红线和在重要工业区建厂这三道红线。

望江县提出该《报告》是希望安徽省发改委能向国家有关部门反映真实情况，取消核电站项目。望江事件是一个体制内的自下而上的参与活动。

4. 广东阳江居民反建核燃料工业区事件

2013 年 7 月江门鹤山发生了一起群体性抗议事件。江门市鹤山民众激烈反对中国核工业集团公司计划在当地建设大型燃料加工厂。中国核工业集团公司计划在广东江门鹤山市址山镇

---

① 《江西彭泽核电厂建设起争端　安徽望江发文叫停》，http：//news. sohu. com/ 20120208/n334092030. shtml。

兴建中国南方沿海的一座燃料加工厂——龙湾工业园项目。该
项目原计划在 2013 年年底动工。江门市政府在 2013 年 7 月 4
日发布《中核集团龙湾工业园项目社会稳定风险评估公示》
征求公众意见，为期 10 天。信息一经发布，江门市以及周边
城市居民立即表示强烈反对。7 月 12 日，江门市民响应网上发
起的号召，走到江门市中心沿马路游行，最后到市政府门外集
会示威。居民指出政府为经济利益牺牲市民的健康。同时，居
民指出为期 10 天的征询期在时间上过于仓促。他们认为政府只
是想走过场，实际上根本不打算听取居民的意见就上马项目。
由于群体性事件造成的影响及多家省内和香港的主流媒体的宣
传报道，事件在广东省内外引起广泛关注。7 月 13 日早上，江
门市委、鹤山市委、中国核工业集团公司、中国广东核电集团
有限公司等多方证实，龙湾工业园项目决定不予立项。江门市
委、市政府表示由于社会各界反对意见较多，经过慎重考虑后
政府决定充分尊重人民群众的意见，作出终止项目的决定。

　　事件发生后有多位专家就事件作出回应，专家认为核燃料
加工厂不是核电设施，并不存在类似核电站的爆炸或泄漏等安
全隐患。群众的担忧完全是源于由于缺乏相关知识而产生的恐
惧心理。专家认为项目不能在江门上马对江门市乃至中国核工
业集团公司来说都是巨大的损失。然而同样对事件作出回应和
分析的一些公共知识分子和媒体评论员则认为，该计划的流产
很大一部分原因是政府和企业没有做好项目前对居民的安抚和
宣传工作。政府网站上公布的公示期只有 10 天，在没有任何
前期信息公开和宣传的基础上，居民只有采取这种极端的方式
表达自己的强烈不满。而由于缺乏应有的信息公开和顺畅的意
见反馈途径，居民发动的群体性事件只能导致项目被取消的不
良后果。

七　废料处理问题

核废料处理问题一向是核电事务中最为敏感和保密性最强的部分。在我国有关核电事务的讨论中对于核废料处理的问题也是讳莫如深。但在国际核电发展的事务中，关于废料处理的争论却异常激烈。在美国，关于核废料处理的政策制定过程需要联邦和地方政府、国会、法院、（核）工业企业、科学组织、公众利益相关小组和大众的参与（Woodhouse，1981）。在西方发达国家关于废料处理的政策决定面临一个难题：如何填补科学家对风险的评估与当地居民对风险的认知之间的缺口（Kemp，1992）。布洛尔斯等认为核废料处理问题主要面临三个困境：在国家层面上；在中央、区域和当地的团体之间；在跨越洲际法人运输问题上（Blowers，Lowry and Solomon，1991）。缺乏资金是废料处理面临的另一个难题。从20世纪80年代到90年代核电在西方社会广泛利用以来，伴随着其逐步成为重要能源，关于废料处理的问题一直被关注和引起热烈的讨论。但是在中国情况有所不同，虽然国家一再强调要大力发展核电，但是关于废料处理的问题始终没有进入公共议程。关于废料处理的风险的科学评估并没有向公众公开。因此在这一部分只能提供非常初步而少量的关于我国核废料处理的信息。在这之前我先讨论英国关于中级放射性和低级放射性废料的处理措施。

在英国曾经出台过两个关于中级放射性和低级放射性废料的处理计划。肯普在他的书中介绍道，由于受到《皇家协会关于环境污染问题第六报告》（1976）的影响，英国政府对放射性废料采取处置（Disposal）而非无限期（Indefinite）储存的处理方法（Kemp，1992）。负责实施废料处置政策的机构是英国

Nirex 公司。该公司由 BNFL、Nuclear Electric 及 UKAEA 控股。在 1983 年，Nirex 公司提出了可行的处置选址进行测试：一个是位于比灵赫姆的海底处置点（Long‑lived ILW and LLW）；另一个位于埃尔斯托，用于处置短寿命放射性废物。然而由于反对海底丢弃组织的反对，位于比灵赫姆的处置点很快被否决。1985 年英国环保部要求 Nirex 公司重新提供 3 个弃置点。1986 年 Nirex 公司宣布了除埃尔斯托以外的 3 个选址。但是这 3 个选址无一例外地遭到当地社团的反对。1987 年浅埋处置（Shallow Trench Disposal）点也被废止。肯普认为这样的结果是 Nirex 公司在选址的过程中一直避免当地社团的参与。事后，Nirex 公司终于认识到大众参与到决策过程中来的重要性。在选取深埋处置（Deep Disposal）点的过程中他们吸取了经验，尽量让普通民众和当地社团参与到选址的决策过程中来。

在中国情况却不太一样，只有核工业部门和政府有权决策核废料的处理问题。当被问及为什么核工业已经创建超过 50 年，而退役治理工作才进行了 10 多年时，国防科工委系统工程二司司长王毅韧是这样说的：

这是与当时的国际政治环境及发展要求分不开的。从 20 世纪 50 年代，我国的核工业逐步建立起完整配套的体系，在 60~70 年代成功研制出"两弹一艇"，取得了举世瞩目的辉煌成就。但是核工业科研生产的各个阶段，都不可避免产生一些放射性废物，和其他的核大国一样，当时的主要任务是尽快拿出产品，解决有无问题，而对废物治理有一个认识过程，废物本身也有一个积累过程。20 世纪 80 年代末国家转向以经济建设为中心，军工科研生产有了较大调整，一些早期的核设施开始相继关闭、退役，这个时候对核废物的处理处置问题突出地摆在了人们的眼前。也就是从"八五"开始，国家启动了"军工核设施退役和放射性废物治理"专项计划。①

我国近20年来还在处理过去50余年军工产业"核三废"，而对核电站的废料处理更加滞后。对高放射性废料（High‐level Waste）的处理目前还处于探索和研发阶段。我国核电运行近20年的废物几乎都储存在核电站的废物暂存库中。另外，核废料处理及退役所需的费用并没有计入到核电的成本中去。在资金方面，中国工程院院士潘自强有他的想法。他说：

> 除去国防建设的需要不谈，随着核电的稳步发展，我国的"核三废"治理被逐步纳入按照市场经济规律运营的轨道，它有望成为核工业的一项重要产业。这一点在美国、法国等相当一部分国家都已表现得很明确。不仅如此，我们在"核三废"处理中掌握的一些先进技术也可以用于处理其他污染，类似水力压裂的深地层有害废水处置这种高端技术，在美国就被广泛应用于处理非放射性废水，这也是一块很大的市场。②

八　福岛核危机的发生及影响

福岛第一核电站位于日本福岛县双叶郡大熊町及双叶町，

① 张欣：《核三废治理的重要性怎么说都不为过——访国防科工委系统工程二司司长王毅韧》，2007，http：//www.cnnc.com.cn/Portals/0/zhuanti/05‐sanfei/p2.htm。
② 杨阿卓：《让"核三废"的潜在威胁悄悄消融——中国核三废治理走过15年》，2007，http：//www.cnnc.com.cn/Portals/0/zhuanti/05‐sanfei/p1.htm。

东临太平洋，占地 350 公顷，是东京电力公司第一座核能发电
站。福岛第一核电站共有 6 个沸水堆机组，总装机容量为 470
万千瓦。2011 年 3 月 11 日下午，日本东北部海域发生里氏 9
级地震，地震同时引发大规模海啸。核电站正在运行中的 1 - 3
号机组受到强烈地震影响自动停堆，而场外供电系统同时受地
震影响导致供电失效。这时各机组启动应急柴油发电机供应交
流电。海啸发生后，应急柴油机全部被海水淹没，致使 1 - 5
号机组交流供电中断，冷却系统在短时间内失去作用，堆芯温
度升高，反应堆厂房内辐射水平严重超标。随后 1 - 4 号机组
发生氢气爆炸，安全壳被破坏，大量放射性物质外泄。同时，
大量用作冷却反应堆及乏燃料水池的废水泄漏。福岛第一核电
站的核泄漏等级被定为 7 级，属于核电事故中最高等级的特大
事故。事故发生后，核电站附近的地下水、海水样品及海底土
壤样品均测到放射性物质。福岛核事故引发了全球性恐慌和反
核浪潮。日本、韩国、德国、瑞典等国家都发生了反核示威活
动。我国也受到事故的影响引发了"抢盐风波"。事故发生后
涌现了大量的研究文献分析福岛核危机的成因及其后果，我国
的大量研究着眼于如何从日本的事故中吸取各方面的教训，以
保证我国核电的顺利发展。

1. 日本核安全监管框架漏洞

李宗明（2012）在题为《从日本福岛核事故审视核安全
的政府、法律和监管框架》的文章中指出了日本核安全框架几
方面的问题。第一，从机构设置的层面上看核安全监管机构的
独立性问题。作为日本核安全独立监管机构的原子能安全保安
院（NISA）实际上并不独立，NISA 和东京电力公司
（TEPCO）之间的交流建立在技术层面上，而不是正式的监督
关系。第二，日本政府和媒体宣扬的核安全麻醉了公众。即使

作为一个自然环境非常恶劣，地震、火山喷发、海啸多发的国家，日本依然在巨大的经济利益驱动下大力发展核电。第三，在选址和设计方面 NISA 的技术能力均有不足。第四，事故的应急处理对策不得当。

2. 事故起因分析

环境保护部核安全总工程师杨朝飞（2011）在《对日本福岛核事故的生态思考》的文章中指出，福岛核事故是超过设计标准的地震和海啸的外力叠加的结果。杨朝飞指出历史上发生的切尔诺贝利核事故和美国三里岛核事故是由技术管理体系内的因素造成的。事故的直接原因是"技术设计不完善、设计部件老化、规章制度不健全、工人操作失误、业务培训滞后、安全监管不到位、事故应急延误等"。而福岛核事故的主要原因来自技术管理体系之外，是由两种巨大的自然力在很短时间内叠加造成的。福岛核事故证明，人类对自然的认知是有限的，违背自然规律就要受到大自然的惩罚。

福岛核事故发生一年以后的各种研究显示，核事故并不仅仅由自然因素引发，人为因素也不容忽视。首先，董建文等（2012）在他们的文章中提出"技术管理失误是福岛核事故升级的主要原因"。日本独立学者荣一指出东京电力公司在事故后存在处理失当的问题。东京电力公司的经营者并没有在事故可控的时间内作出"注入海水"的决定，导致燃料棒空烧，使事故进而失控。山口荣一指出东京电力公司有可能是出于经济上的考虑，不希望注入海水腐蚀反应堆导致其报废，因此延误了事故处理的最佳时期。其次，福岛第一核电站早就过了设计使用期限，技术水平陈旧、设备老化，因此不具备抵御强烈地震和海啸破坏的能力。这就涉及核工业企业的社会责任感问题。出于经济上的考虑，核电运营公司在一定层度上成为事故的推手，造成灾难性的后果。

3. 专家和公众对风险看法不一致的问题

每一次核电事故的发生都会引发大众对核能的恐惧感和对核能项目的担忧。然而在科学技术界，每一次事故的发生都会引发新一轮的技术创新和进步。有学者认为，与公众相比，具有科学技术专业知识的专家能更理性地判断核能的风险，而公众对核风险的担忧则是由于缺乏专业知识而作出非理性判断。然而事实证明，专家只能在经验数据的指导下评估科学技术产品的风险。但是从福岛核事故的实际情况来看，安全隐患并不仅仅来自技术，人为的处理不当更多时候造成灾难性事件的发生。这样的结果使得对核电技术的风险评估更不可靠。公众出于对自身安全和对子孙后代赖以生存的自然环境的担忧而形成的恐惧感也是一种理性的判断，遑论在大量核电工程建设期间给当地或周边居民带来的经济上和情感上的实际影响。因此，在西方社会专家和公众对核风险认知之间的鸿沟成为阻碍核电发展的最主要原因之一（Wynne，1996；Yearley，2005）。

第三章
广东省内陆核项目的契机和争议

一　广东核电发展的特殊性和代表性

广东作为全国首个大型商用核电项目——大亚湾核电项目的所在地，在我国核电发展过程中一直是个具有突出性和代表性的省份。首先，广东省能源禀赋相对较差，而经济飞速发展的珠三角地区对于能源的需求却逐年递增。广东省能源自给率低，长期以来全省一次性能源消费的80%以上依靠外省调入和进口。虽然省内的水力资源较为丰富，但是开发率已经超过85%，因此广东成为全国核电发电量最高的省份，同时也是未来在节能减排的政策背景下较为依赖核电的省份之一。其次，广东处于沿海地区，适合沿海核电项目的建设。同时省内各大江（东江、西江、北江、韩江等）也满足修建内陆核电站的水量要求。因此在我国未来的核电发展战略中，广东省处于重要战略地位。广东毗邻港澳台，受到国际环保思潮的影响，加之经济发展状况较好，因此居民有较强的公民维权意识。因此，韩江上游拟建内陆核电站的新闻报道一经刊出就引发了人大代表的质疑。

二　关于内陆核项目的争议

2007年2月5日，《南方日报》刊登了题为《韩江上游拟建核电站，汕头、潮州代表团提出询问——1000 多万人饮水可能被污染?》的"两会"特别报道。报道总结了汕头、潮州代表团在询问会上提出的三个问题：

第一，海岸线这么长，为何选址韩江上游？

第二，上游建核电站到底会不会污染水源？

第三，潮汕人口密集，万一核泄漏怎么办？

从报道的标题和问题以及我在 2007 年对与会人大代表进行的访谈中，我发现核电站对饮用水源可能带来的污染是人大代表最为担忧的一点。人大代表谢绍河在会上说："相信核电站安全技术很强，但核电站的废物日积月累，可能会对周边环境、子孙后代造成辐射等隐性污染。"

三 项目涉及区域的地理、经济、文化状况

内陆核项目涉及的区域是广东东部的韩江流域（见图 3 - 1），主要城市包括梅州大埔县、潮州市和汕头市。大埔县作为核电项目的首要选址地区，同时也是处于现代化建设初期的经济欠发达地区，其自身体现了现代化发展过程中的一系列矛盾冲突。这些矛盾包括：经济发展的需求与地理劣势之间的矛盾、低收入与高消费之间的矛盾，以及工业和商业发展与环境退化之间的矛盾。这些社会背景塑造了当地人对核电项目的理解和看法。

1. 韩江流域

韩江流域位于广东省东部。梅州大埔县位于广东省东部边界，与福建省接壤。大埔县 GP 镇的 A 村和 B 村是两个通过初步可行性调查的选址地点。汕头市和潮州市是韩江下游地区两个最大的城市。本书第三、第四章所讨论的案例的田野调查主

图 3-1　韩江流域

要集中在大埔县、潮州市和汕头市。

　　韩江流域主要分为两大区域：梅州地区和潮汕地区。这两个地区在经济、地理和文化背景上都有显著的区别。潮汕地区作为广东东部平原，是主要的稻米产区，较为富庶，商业气氛浓厚。特别是汕头市，是继深圳和珠海之后的经济特区。潮汕地区的制造业和出口业也比较发达。梅州地区是广东省内的经济落后地区，工业不发达，主要的收入来自种植业和林业。梅州处于山区，土地贫瘠，交通不便，发展各类经济的地理条件差。

　　2. 韩江

　　韩江是广东省第二大河。韩江由汀江、梅江和梅潭河在三河镇汇集，由此穿山南下在汕头附近注入南海，全长约410公里。韩江是汕头市的母亲河，养育着汕头市2/3的人口。韩江水质的好坏直接关系到汕头居民的健康。由于上游的梅州地区工业不发达，所以韩江的水源并未受到严重的工业污染。但是潮汕地区的另一饮用水源——连江则污染严重。由于潮汕地区的经济和工业发展迅速，韩江已经成为该地区唯一不受污染的饮用水源。① 韩江古称恶溪、鳄溪，因鳄鱼出没而得名，后为纪念韩愈驱鳄又改称韩江。潮汕地区的居民大多熟悉这个故事。韩江两岸也有数座纪念韩愈的庙宇。韩愈在汕头当地的文化中被神化。当地人认为他能保证韩江流域安宁。韩江对于汕头人来说不仅仅是饮用水源，还有很强的文化意义。

从汕头环保局每周公布的韩江水质情况来看，韩江的饮用水情况达到了国家二级标准，属于很好的饮用水源。当地居民和政府都非常重视对韩江水源的保护。政府出台了多项保护条例，当地居民也定期举行保护母亲河的公益活动。我于2008年在汕头大牙水质监测站调研。该站从2003年8月开始运行，运用德国进口的全套机器24小时实时监测韩江水质。该站同时与汕头市环保局的主机联网，实时传输收集的水质情况。

3. 大埔县

大埔县是韩江的源头所在。大埔县总面积2470平方公里，总人口52万人。大埔县的居民大部分是"客家人"。客家文化有两个最为有特点的部分：教育和移民。客家人的祖先几百年前从中原移居到广东地区。作为后来者，客家人必须在自然环境较差的地区寻求生存空间。由于客家地区一般为山区，土地贫瘠，地理条件差，客家人认为只有两个办法可以改变生存环境，即读书和外出务工。对于大埔人来说，通过读书和外出打工离开家乡寻求更好的生活是年轻人的出路。我走访的当地家庭几乎都有一大部分的家庭成员移居经济发达地区或早年离家在海外定居。大埔县是有名的侨乡。据当地人介绍，大埔县有

---

① 信息来自对汕头市人大代表陈代表进行的访谈。

50 万居民在本地，50 万居民在国内其他地区，还有 50 万居民在海外。但是近年来，大埔地区的文化也在发生着变化。随着现代化经济建设的进一步深化，大埔地区的文化也受到一定的影响。当地政府官员称大埔正推动地区文化从"崇文重教"转变为"崇商重企"。招商引资积极发展地方经济是大埔县政府近几年的重要工作目标。

大埔县城所在的镇称为湖寮。在湖寮调研期间，为了了解当地居民对经济发展和环境变化之间关系的看法，我经常与当地居民聊天。当地居民是这样比较他们的生活与大城市生活的区别的。

第一，大埔地区是山区，地理的限制使大埔的经济发展处于劣势。人们总是不断地重复着这一看法。我一到大埔县，见到与我接洽的当地政府官员胡主任①，他马上就开始热情地向我介绍大埔县的情况："大埔曾经是国家 100 个贫困县之一。我们没有有竞争性的工业，同时我们位于山区，我们的经济情况非常困难。"而与大埔经济落后有关的描述在后文对地方政府官员的访谈中也是一再重复。

第二，当地人很爱谈及大埔优越的自然环境。例如，得知我是从广州来的以后，他们会说与广州相比大埔的空气很好，叫我多在这里吸一吸山区干净的空气。当地人还说由于自然环境好，住在大埔会少生病。

第三，当地人认为大城市的生活对他们很有吸引力。大城市的优势主要体现在教育和医疗两个方面。一个女性受访者红姨说：

在县城只有一个好高中，但是跟梅州市的高中比起来

① 本书提到的人均采用了化名。

就差远了，更别说跟广州的高中比了。如果我女儿只在县城的高中上学，她很难考上好大学的。我打算把她送到梅州市的东山中学去，希望她能考上广州的好大学。

年龄在 50～60 岁，家中有子女在大城市工作的大埔县居民常有外出就医的经历。如果患有较严重的疾病，到大城市就医对他们来说是更好的选择。当地人认为梅州地区的医疗条件比不上广州、深圳这些大城市，无法医治比较严重的疾病。在县城调查期间，我也发现当地的中医院和中医诊所的数量多于西医院。胡主任告诉我：

> 我去年就到广州去看病了。我的鼻子里需要做一个小手术，里面长息肉了。这里的医院不够好，所以我儿子叫我到广州去看病。广州真是大城市啊，那个交通太乱了，我都不敢出门。空气太差了。但是要做手术的话，还是到广州的大医院去比较放心一点。

第四，受过高等教育或者有一定技术的当地人大多离开大埔到广东省内经济发达的大城市工作。对于留在当地的人来说，他们对于经济发展和环境变化的看法存在一定的矛盾。一方面，人们认为现代化发展一定会对自然环境带来不好的影响。另一方面，他们又认为牺牲自然资源以换取一定的经济发展是无法避免的。在这样的背景下，当地人（特别是地方政府官员）认为核电站会是一个既能拉动地方经济但又不会危害环境的难得的好项目。当地政府官员更把核电站形容为"双赢"的项目。本书的第四章将详细讨论核电项目对大埔县来说如何"双赢"。

大埔县有 3 个主要产业：陶瓷生产、水力发电和林业。而位于大埔县南部的 GP 镇又是主要陶瓷生产地。GP 镇的陶瓷生产企业大多是家庭式作坊。我参观的家庭式企业是当地较有规模的一家。工厂有两层楼：一楼是生产车间，二楼是办公室、陈列室和企业主的家庭居所。据 GP 镇领导的介绍，家庭作坊式的陶瓷生产形式既浪费能源，又会引起一定的环境污染。挖掘陶土对植被和土壤造成很大的破坏，而煅烧陶土会造成空气污染。因此，省里对于陶瓷生产工业征税较高。另外，家庭作坊式的生产方式不利于陶瓷工艺的创新和技术更新换代。来自省内其他陶瓷生产地（潮州、清远）的竞争日趋激烈，大量的工厂因此倒闭，或面临经营困难。

大埔县的水利资源面临着过度开发的问题。我在到达大埔县的第二天前往三河镇，三河镇是韩江的源头，上游的汀江、梅江和梅潭河在此汇合成为韩江。三河镇的王主任介绍，汇集成韩江的汀江、梅江和梅潭河各能建设 6～7 级水电站。这些水利项目是大埔县的主要经济来源，而 90% 的水利项目已经或正在建设。当地人认为，韩江之所以每年汛期都洪水为患与三江建设了过多的水利项目有关。环保局的工作人员刘股长在接受我的访谈时指出，各级水电站使得韩江自身对水位的调整受到破环。刘股长同时指出他并不认为水电站是有利于环境和生态的能源项目。

　　我从来就不认为水电站是环保的。水电站存在很多短期看不到的环境危害，而且这些危害主要是体现在生态上的破坏。河道上建了水电站，整个河道的生态系统就被破坏了，生态环境改变了，物种也会跟着改变。资源的过度开发对环境总是会有影响的。只是站在污染的角度上，水电站少一些。在这个问题上我也跟领导层辩论过，要维持水电站运行，哪怕是机油也会对河水产生污染。只是它没有可见的排放的有害物质而已。有些污染是有形的，有些是无形的，是存在隐患的。

经济速生林是大埔县近十几年来的一项新经济来源。大埔的林地众多，各村以集体的形式把自有的林地出租给东南亚的公司用以种植桉树。近年来当地政府才意识到这种生产方式对大埔的水土造成极其不良的影响。但是由于种树合同一般都定在 10 年以上，当地无法在合同期内改变现状。当地农民称桉树林为"吸水机，吸肥机"。

除了以上三种经济来源外，农业同样为大埔县带来收益。按当地人的说法，大埔是"七山，二水，一分田"。由于地缘限制，农业带来的收入相当有限。为了创造经济收益，近年来农民因地制宜地种植了各种经济作物，例如金柚和烤烟。出于经济和战略上的考虑，核电站的选址一般在远离大城市且人口密集度低的地区。因此从经济情况和地理位置来说，大埔县适合作为核电站建设选址。另一方面，从经济效益的层面考虑，当地政府非常欢迎核电项目的落户以拉动地方经济。从这两点来看，像大埔这样的经济落后、人口密度较低的地区更容易成为核电站建设选址所在地。贝克在风险社会理论中把现代科学技术风险定义为具有破除阶级、带来平等化的意义。然而在现实中，经济落后的地区却更容易成为核电站的选址所在地。这恰恰体现的是不公平。

在县城进行了两个月左右的调查以后，我开始意识到这里的居民工资性收入非常低。我所借住的胡主任一家的情况是这样的。胡主任作为一个县政协办公室的副主任工资只有大约

900 元。如果地方政府的财政状况好些，他们应该能获得一些
奖金性收入，但由于大埔县的经济状况较差，只能保证工资性
收入。胡主任的妻子严老师在县里的一所小学做语文老师。这
样的家庭在大埔县也可以算是中产阶级水平。胡主任的工资是
900 元左右；严老师是个班主任，工资是 1000 元左右。夫妻俩
的子女已经在广州工作，所以他们每月近两千元的收入生活起
来还算舒适。女主人也在平时的交流中跟我说起原来两个孩子
还在读书的时候，家里的经济情况是很困难的。大儿子去广州
读大学、女儿在县城读高中的时候他们每年都要跟亲戚借钱给
孩子交学费。

　　与收入水平相比，县城的消费水平并不低。例如，猪肉当
时也要卖 8 元一斤。从收入和消费的情况来看，一个办公室副
主任与小学教师组成的家庭的总体收入只能满足日常的吃穿。
当谈到家庭较大的支出事项（例如就医、置业）时，胡主任表
示都是由他们在广州工作的儿女负担费用。我也就收入与消费
之间的不平衡问题访谈过其他居民。他们指出几乎每个大埔县
的家庭中都会有人在外（国内其他城市或外国）挣钱，能挣钱
的家庭成员每年都会寄钱回来给自己的父母、妻子或孩子。人
们并不仅仅靠自己在县城里挣的钱生活。

4. 大埔县的村子

　　为了了解当地人对核电项目的看法以及人们如何理解核电
项目的风险，我访问了大埔县内的 3 个村子。其中两个村子均
通过了核电站选址的初步可行性调研，成为核电项目的可能选
址地点。另一个村子在江对岸。这 3 个村子有一定的相似性：
村里大多数的年轻劳动力都离开村子外出务工；村民受教育水
平低；现代化的进程一定程度上对村民的传统生活方式带来冲
击。然而，3 个村子的村民在核电项目的问题上却有截然不同

的看法。村民对于现代化科学技术产物（核电项目）的不同看法与他们各自不同的境遇密切相关。而这种不同的境遇体现在村子的地理位置、经济和管理情况上。

A 村：

A 村是 3 个村子中最贫困的一个。A 村位于山坳之中，40% 的人口外出务工。来自中国核工业集团公司的专家在村子周边的山上选定了 3 个符合要求的地点进行地质探测。A 村的房屋多是老式的客家传统风格，村子被植物和农田所环绕。当地村民认为村子的风水很好，因为这里是李光耀的祖屋所在。但是村子所处的地理位置过低，所以每年都会遭受洪灾。我到达村子的日子是正月二十一，是大埔人传统的送财神的日子。在大埔的农村新年并不是在正月十五结束，而是在正月二十一当村民送过财神，吃了最后一顿团圆饭后才正式结束。这时各家外出务工的人也开始陆续离开村子。A 村把村委会选举的日子也定在了送财神这天。这天正好镇上的干部来参与和监督村委会选举，在选举完成后，新组成的村委班子、镇上的干部坐下来跟我展开了有关核电项目的小型座谈。村委书记说："核电站的消息都传了一年多了，这个到底搞不搞嘛！现在村里人意见都很大，这对我们的影响很大的。本来有深圳的老板要投资到我们这里建鱼塘，一听说核电站要搬迁就不来了。我们自己的很多事情也没办法做，连房子都不敢修。"可见核电站项目的消息对 A 村带来了一定不良影响，使 A 村处于进退两难的局面。对于大多数的村民来说，他们对核电项目持欢迎的态度。他们希望这个项目能改变他们相对落后的生产生活方式。村民大多希望能获得补偿款，被迁走并获得安置。一些有儿女已经在大城市生活的老人，更是希望获得赔偿然后带着孙辈到大城市生活。但是由于核电项目一直无法确定，这样的现状给他们的生活带来了更加不好的影响。座谈会后村干部和其中一位村民英姐带着我到了专家做过地质钻探的其中一个地点（共有 3 个）。在途中，我和英姐聊天，说起了 2006 年夏季发生的洪灾。英姐说 A 村受灾挺严重的，当时水都快淹到屋顶了。我于是问英姐政府有没有发救济金。英姐说："没有给钱，只给了几斤大米。"往山上走了 10 多分钟后，我看到了钻探后留下的痕迹——一个直径约 10 厘米的洞口。

图 3－2　跟随当地人前往选址地点的途中

从镇政府获得的统计数据来看，A 村选址地 1 公里之内共有 513 户 2493 位居民，342 间房屋共计 41040 平方米需要搬迁。选址地两公里内共有 680 户 3226 位居民，454 间房屋共计 54400 平方米需要搬迁。当然，以上数据只是作为参考之用，如果核电站项目获得立项，镇政府还会组织更为细致的调查。

从我的观察来看，A 村的贫困主要由两个因素决定。第一，生产方式过于简单。A 村主要收入来自农业。由于地缘限制，收入非常有限。第二，村委会管理水平低。这两点造成恶性循环：由于村里经济情况差，没有人愿意做村干部；而缺乏有能力的领头人，村里的各项生产也难以开展，导致经济情况无法好转。

B 村：

B 村是 GP 镇的模范村，该村从 20 世纪 70 年代起就成为镇里的发展先锋。村委高书记非常自豪地向我介绍 B 村的发展历史和现状。高书记称 B 村已经划出了一片山地准备种植金柚。深圳的老板在村里投资渔业。村子的长期规划是建立生态旅游度假区，让大城市来的游客在当地感受农家乐。B 村在 1974 年建起了防洪堤坝。高书记说："我们 1970 年开始修建堤坝，村里的 900 个农民和县城派来的当兵的一起干，把堤坝修好了。我们从来不等救济，我们独立自主谋发展。"从 1974 年开始，B 村很少受到洪水灾害的影响。村里的经济来源有农业、渔业、果树种植和一些商业项目。专家在 B 村同样选取了 3 个合适的地点进行地质探测。高书记称如果 B 村被确定为核电选址，那他们多年来的劳动成果将化为乌有。他个人并不愿意核电项目落户 B 村，但如果 B 村被选中，他也只能接受这个事实。但是当前他会继续推动 B 村的各项发展项目。

村民的住房情况也显示了 B 村的经济状况优于 A 村。B 村村民大多居住于 20 世纪八九十年代建造的新型水泥住房内，而不是 A 村居民所居住的客家传统结构瓦房。与 A 村相比，村民更加积极地谋求自身经济发展。他们不认为核电项目是唯一能为村里带来投资和改善自身生活的项目。有些人甚至认为核电项目会破坏他们现有的生活。由于县里传来的消息说 A 村的选址更适合核电站建设，因此村里并没有受到项目传闻的影响。

C 村：

C 村位于韩江的东边，在 B 村正对面。C 村与 B 村只有一江之隔，直线距离不超过 500 米。C 村总人口为 2900 人，经济状况和管理状况相对 A 村较好。村内有一个小型水电站，保证了村民的基本收入。虽然 C 村没有被选中进行任何地质测量，但如果 B 村被选，C 村仍然属于搬迁范围之内。但是 C 村村民显然没有这方面的意识。他们认为核电项目被选在别的村（A 村或 B 村）。C 村坐落在山坡上，村子的居民依山而居，因此住在山坡上的居民上下并不方便。外出务工赚了钱的人就在山下的宅基地盖新房子给留在当地的父母居住。我参观了其中一处新居。当被问及如果当地要建核电站需要搬迁的问题时，新居的房主是这样回答的：

> 我们刚从山上搬下来的，花了十几万盖（这个）房子，如果政府要我们搬家，一定要把新房子给我们盖好，我们才会搬的。你说，没有把地方给我们搞好，怎么叫老人搬家呢？老人家要有地方住才行的嘛！我们农民也没什么好想的，大势所趋，叫我们搬到哪里也要服从，但是一定要把新家给我们搞好！

由于受地理限制，农业种植给 C 村带来的经济收益较少。由于毗邻的丰顺县要修建大型水电站，C 村的一些农田被淹，农民获得一定数量的经济补偿。在当地这是常见的事情。对于当地农民来说，受到核电站或是水电站的影响对他们来说没什么区别，他们不能对国家的项目说"不"。和 A、B 村的居民相比，C 村居民对核电项目的态度居中，他们既不反对也不支持该项目。他们不觉得核电项目对他们会有什么影响。

即使该项目可能与他们离得很近，他们也认为自己所在的村子没有被选中。

5. 大埔地区面临的现代化发展与风险

除了贫困与自然资源缺乏、低收入和高消费水平、高速发展的县城和落后的农村外，大埔县还面临着现代化发展与环境风险增加之间的矛盾。前文提到，大埔县的主要经济来源是陶瓷生产、水力发电和林业。这3个行业均对当地的自然环境带来风险：家庭作坊式的陶瓷生产企业高耗能、高污染；水力发电带来生态风险和洪水问题；速生经济林破坏水土。除了这些产业，当地人还要面临其他的现代化项目，例如高速公路。从访谈的情况来看，当地人更乐于谈论他们对现代化生活和经济发展的向往，而不是当地自然环境所面临的各种风险。虽然当地人也意识到自然环境面临恶化的风险，但是他们对待这种风险的态度是消极的。他们意识到风险的存在却接受这样的事实，而不打算去改变它。从当地人对待洪灾的态度就可以看出他们的立场。

在大埔调研期间遭遇了50年一遇的强降雨。强降雨导致大埔县多个地区遭受洪灾。GP镇的最高水位达到5.33米，80%的房屋受到不同程度的水浸。[①] 居民搬到自家房屋的屋顶等待救援。除了洪水，大埔县的多个地区发生泥石流和山体滑坡及塌方，造成公路和铁路损毁，交通受阻。从一个外来的研究者的角度来看，大埔地区遭遇的洪灾是相当严重的。由于洪水一直威胁着大坝的安全，在2007年夏天的调研中，出于安全方面的考虑我并没有顺利进入村子进行调研。大埔县城所在的湖寮镇也受灾严重，街道上的水漫过膝盖，使出行受阻。但

---

① 2007年6月3日《梅州日报》所刊登的内容。

是对于当地人来说，他们对洪水习以为常。根据我与当地人的
交谈，大埔县及周边几乎每年都受到洪水的影响，2007年是
因为暴雨，而2006年是因为台风。除了自然原因以外，人们
也提到韩江上游所兴建的水力发电站可能是造成洪灾的另一个
原因。例如，上文提到的刘股长就持这种看法。

图 3-3　暴雨后的公路

在大埔县的网络社区——大埔论坛上也有网民指出水电站
是大埔频繁遭受洪水灾害的诱因。一个网名为"没那种命"的
网民说：

> 另一个引起洪水的原因是植被破坏了。近几年，非法
> 采陶土造成很严重的植被破坏。

这些网民关注陶瓷工业对环境的破坏。当另一个网民回复道：

　　如果你说的是对的，那么我们应该在未来如何避免呢？

　　另一些网民在回复帖子的时候讨论政府应该有所作为，但是最终在谈话中，大家都认为政府不会在事件中起到什么作用。

　　作为研究者，身处大埔县城很容易产生这样的疑问：洪水灾害频发的地区发展核电站安全吗？地方政府、当地人以及下游的居民应该考虑这方面的风险。但是这个问题当时并没有被讨论。而在福岛核事故发生后，我国的核安全专家杨朝飞在全国核行业协会年会的发言上就重点指出了洪水灾害对我国核电安全发展带来的风险。可见在事故发生后，有关方面才开始注意各种自然灾害可能对核电项目造成的重要影响。

　　以上内容透露了两个层次的信息。第一，有一些当地居民的确意识到现代化发展给自然环境带来的风险。第二，当地人质疑政府的管理，但同时他们又依赖政府出面处理发展与自然环境之间的矛盾。当面对搬迁、土地被淹或者其他发展带来的损失时，当地人通常依靠政府为他们出面谋取补偿，而并没有依靠民间力量（环境保护组织或媒体）。当地政府成为工业企业与当地居民之间的纽带。当地政府一方面游说居民接受安置和赔偿，为发展作出牺牲；另一方面为居民谋取相对合理的赔偿。这个现象揭示了中国当前的公共管理现状：政府承担了大量本来应该由工业企业或非政府组织承担的工作。这引起了另一个关于政府治理和公民社会的议题，在此不展开论述。但我需要指出的是，各级政府实际上承担了大量民间力量需要介入的工作。然而在完成这些过程中，政府并没有得到当地人的信任。当地人在谈话中表示地方政府帮着企业，而不是为他们谋福利。

6. 性别视角的思考

西方环境社会学研究指出，在"二战"结束后女性成为环境运动的主要动力。与男性相比女性会更关注环境问题（Arcury，Scollay and Johnson，1987）。而国内学者洪大用和肖晨阳（2007）对于环境关心的性别差异研究则通过定量分析指出性别并不构成对环境关心的直接影响，而知识水平才是重要的中介变量，因此中国男性比女性具有更高水平的环境关心。在这样的背景知识下我希望在大埔县进行访谈时尽量在性别上保持平衡，平均收集男性和女性关于核电站风险的看法。但是当我真正开始调查的时候却发现很难保证性别上的平衡。我访谈的大多数女性几乎没有听说过核电项目。即使有个别女性听过内陆核项目，她们也不认为这个项目与自己的生活有什么关系。通过严老师的安排我在当地小学对女教师进行了一次小组访谈。与从事其他工作或作为家庭主妇的妇女相比，小学教师在当地算是非常得体的工作。同时担任小学教师的女性受教育水平也在高中以上。5位参加讨论的女性均表示她们从自己的丈夫那里听说过建设核电站的消息。当我问及她们是否担忧过核电站会产生辐射和存在泄漏风险时，她们却均表示没有想过这个问题。而其他受访的女性甚至会把核电站与水电站项目混淆。与女性相比男性明显知道更多与核电发展的信息。根据我的观察，造成女性明显较男性不了解核电的原因有以下几方面。第一，在客家地区，男主外、女主内的传统思想影响严重。女人认为家庭以外的事情应有男性处理，因此她们并不会主动想要获取与核电站有关的信息。第二，相对于男性来说，女性一般在单位也从事事务性的工作而很少处于领导职位上，因此在官方层面上女性接触与核电站相关的信息也较少。第三，女性对于表达对家庭事务以外事务的看法缺乏信心。在自己的丈夫或者有男性家庭成员在场的情况下，她们都愿意保持沉默，而让男性来表达与核电站相关的看法。在我的访谈过程中就发生过几次这样的情况。我原本在对一位女性进行访谈，可是，如果他的丈夫正好从外面回来，她会停止自己的发言而要求我去问他的丈夫对核电站的看法。与男性相比，女性明显更注重自己的健康。女性在下班后喜欢结伴到县城里的五虎山公园爬山健身，她们都说 5 点半下班以后先去山上走动走动，然后再回家做饭有助于身心健康。晚饭后的 7 点半，县城的妇女都会在文化广场上集合跳健美操。跳健美操的活动由县政府组织，还请了专门带操的老师，只要天气情况允许，每天晚上 7 点半开始，8 点半结束。女性在跳完健美操后会结伴聊天回家，这是她们每天非常热衷的社会活动。但是下班后爬山和晚饭后跳健美操这两个活动县里男性都很少参加。他们更愿意在家看电视或出外应酬。但是相对于女性而言，男性接触的圈子显然更多关注核电站和与环境保护相关的信息。因此在核电站的问题上男性也比女性有更多的意见可以表达。这与洪大用和肖晨阳（2007）的研究发现有一定的相似性。但是我的研究进一步指出，"知识水平"背后"男主外，女主内"的文化背景使女性没有动力去获得更多与核电的环境风险相关的信息。

四　大众的环境保护意识

关于韩江上游拟建核电站的争议一直与韩江紧密联系。当人大代表表达他们对项目的担忧时，他们多次提到水资源和环境保护。在大多数人的话语中，其实"风险"的概念并没有出现，而"水污染"和"环境"成为主题。媒体报道咨询会的时候，也强调"饮用水被污染"而不是"核风险"的概念。

在本书第七章，将详细论述媒体如何组织有关的新闻报道。记者在新闻报道中把"科学"和"民主"的话题作为核心议题，而不是"核风险"。这主要和两个要点相关：第一，大众对核电风险的敏感度；第二，媒体、人大代表和普通民众有多少权力可以表达他们对核风险的担忧。在第四章将会详细讨论第一个问题，而在第五章和第七章将讨论第二个问题。在这一部分，着重讨论大众的环境保护意识。大众日益增强的环境保护意识促使人大代表从水资源和环境的角度讨论内陆核电站的问题。

人大代表的书面和口头询问体现了三方面的信息。第一，人大代表有一定的权力可以参与到核电项目的立项过程（详细的信息将在第五章讨论）。第二，人大代表同时是居住在当地，对当地情况非常熟悉的利益相关者。他们提出的质疑都与自身在韩江流域常年以来的生活经验相关。例如，地震发生的可能性、韩江的枯水期等。第三，当地人的环境保护意识有所增强。这一部分讨论环境保护意识的增强如何影响人大代表在媒体面前组织话语。公众的知识和理解能力是可以在特定的社会和文化背景下交流和发展的（Irwin，Dale et al.，1996）。在中国，大众的环境保护意识是由自上而下的政治影响和自下而上的公众参与活动共同塑造的。在中共中央第十六次五中全会上，胡锦涛总书记提出建设资源节约型和环境友好型社会，并以此作为"十一五"规划的一个工作重点。国家从那时起开始加大力度进行环境改革。大埔县的官员在谈论核电项目时也多次提到中央要建立环境友好型社会的方针政策。非常希望核电项目落户大埔的地方官员林主任说：

　　我们很担心潮州、汕头那面的人大代表一闹就把我们这个大的投资项目闹跑了。现在省里面很可能因为环境方面的考虑把项目给否定掉。

从自下而上的层面，地方环境保护机构和全国范围内日渐成长的民间环境保护组织是培育大众环境保护意识的重要力量。从 2005 年起每年的 4 月潮州、汕头地区的居民和香港、澳门地区的居民都联合举办"珍惜水资源，保护母亲河"的活动。数千人一起沿韩江步行 20 公里表示对母亲河的崇敬，并借此倡导进行环境保护。这些人不希望韩江像潮汕地区的另外两条江一样受到工业污染。

然而环境保护意识和知识不可能与人们的日常生活脱节。在韩江上游的大埔县，在环境问题上居民就表现出截然不同的认识和态度。在大埔县城生活的居民明显对水资源保护不太感兴趣。林主任说：

> 大埔县已经为保护韩江水源做了很多贡献了。我们梅州地区的工业发展都很落后，这就是韩江的水源一直没被破坏的原因。韩江是广东省内唯一一条未受到污染的主要河流。韩江一直为下游提供高质量的饮用水。但是大埔县经济困难的状况怎么解决呢？下游的潮州地区都已经富起来了，我们还依然这么贫困。如果他们不希望核电站建在我们这里，他们会为我们保护他们的饮用水作出的牺牲"埋单"吗？

下游的居民希望保护韩江是因为这是他们的饮用水源。大埔县的当地人支持或者忽视核电项目是因为他们不以韩江作为饮用水源。上下游地区的居民对修建核电站是否会对韩江带来潜在风险的认知与他们实际上所处的经济和社会状况密切相关。很明显，住在下游、生活相对富裕的城市居民相对来说更注重饮用水源的保护。这个现象体现了居民理性地判断自己在核电项目中的得失。

五 小结

通过介绍大埔地区的背景知识，读者可以了解核电项目可能选址地的基本状况。从大埔县的发展现状和所面临的各种矛盾来看，它正处于"现代化初级阶段"。作为贫困山区，大埔县的居民积极地寻求经济发展机会以提高当前的生活质量。这样的发展需求导致了发展与自然之间的矛盾。3个村子（其中两个是核电站选址所在，另一个在附近）的居民对核电项目表示了类似的或相反的看法。他们在现代化的发展过程中面临类似的挑战，但他们对核电项目的态度却有所不同：A村村民认为核电站为他们提供了一个改善生活的机会；B村村民不愿意因为修建核电站而破坏已有的生活；C村村民认为核电站与他们无关，即便是核电站的可能选址地与他们村相隔不过500米。

韩江作为饮用水资源联系着大埔县和下游的潮州、汕头地区。下游居民对核电项目的担忧主要来自饮用水源被污染的可能性。上下游居民出于自身利益的理性分析而对核电项目持有不同的观点。这些背景知识可以帮助读者了解处于不同社会、文化及经济状况的居民如何理解核电风险。关于这个方面的详细内容在下一章会深入讨论。

第四章
"风险"还是"利益"?
核电风险的社会建构

我于 2007 年 5 月底前往大埔县进行田野调查的时候带着这样的疑问:有多少当地人听说过核电站项目?他们知道核电站是什么吗?他们中到底有多少人想过与核电站的环境风险有关的事?贝克在风险社会理论的讨论中指出,人们通过一个自反性的过程理解高科技产品(例如核能)的风险:高科技产品发展初期,人们相信科学技术,支持其发展;在灾难性事件发生后,人们开始自反地意识到科学技术发展可能带来的严重后果(Beck,1992)。吉登斯同样讨论了在科学技术发展过程中信任发生变化的过程。他认为在所谓的"初级现代化"社会中,人们对科学技术抱一种习惯性的不加验证的信心,然而在当代社会,或者说"后现代"社会中,人们意识到科学技术的不确定性,因此变得积极主动地选择如何投放他们的信任(Giddens,1990)。2007 年的大埔县与吉登斯所描述的"初级现代化"社会有一定的相似性。同时,我在大埔县也有与温在"牧羊人"案例中相似的田野发现:当地人表现出对科学技术的信任、他们的无知与对政府和相关机构的依赖。但与温的案例所不同的是,第一,大埔县的居民(及村民)面对的是一个潜在的核电项目,他们并没有真实面对核电站的风险。因此相比较于温的案例,大埔人并没有积极讨论这个核电项目。对于村民来说，他们有可能要为核电项目搬迁，所以他们更爱讨论搬迁所涉及的利益问题，而不是核电站会带来什么潜在环境健康风险。第二，在温的案例中，"牧羊人"的无知并不表现在对于自己所受到的核辐射影响没有认识，而体现在不知道自己对核辐射对当地的水源和土壤所造成影响的认识是一种有价值的知识。在大埔县，对科学技术表示信任的一部分人的信任带有很强烈的积极意义。而人们表现出来的无知也带有对自身身份与科学技术（专家、机构）之间关系的建构。

一 受访者群体

对受访者群体的界定对于理解他们如何建构自己对于核电项目的信任与无知起着至关重要的作用。在大埔县内的受访者可以分为四个群体：地方官员、县城的普通居民、有一定利益相关性的县城居民、村民。作为地方社会代言人的地方官员群体是调查中非常重要的一群人。这样的群体在西方社会关于核电站周边居民的风险建构与参与的研究中也是最为重要的组成部分，称为"local community"，他们因为类似的利益诉求及居住地彼此邻近而获得这样的统称。相对于西方社会中组织结构较为复杂的"local community"来说，大埔县地方官员的身份较为简单。他们是在各个政府机关或者职能部门工作的领导干部。一方面他们是生活在当地，有一定社会地位和网络的利益相关者；另一方面他们又是当地与核工业企业和上级政府沟通的桥梁。这样的双重身份，使他们对地方的核电发展事务的认识和看法既存在着特殊性又具有代表性。同时他们也是在当地缺乏民间环境保护组织的前提下最有可能参与核电事务的人

群。县城的普通居民群体代表了既没有一定的社会网络和社会
地位参与到核电事务中，又自我判断与核电项目没有任何利益
相关性的人。这部分受访者代表了最广泛大众对核风险的态度
及看法，也是我在本章第五部分讨论的沉默的大多数。有一定
利益相关性的县城居民群体指的是本身出生、成长在选址地附
近的村子里，现在还有直系亲属生活在当地的这部分人。例
如，有些县城居民的父母还居住在村里的祖屋内。这部分人由
于利益牵涉，会对核电项目的潜在风险和自身可能获得的收益
做一些思考和计算，因此更愿意表达自己对于核电项目的看
法。村民群体指的是还长期生活在村里的这部分人。当地人把
他们称为"五鬼"：老鬼、小鬼、病鬼、醉鬼、懒鬼。当然还
有一部分是在村里照顾老人、操持家务的女性。可见，在梅州
大埔县的农村，有劳动能力和劳动技能的人大部分都离开村子
外出赚钱了。留在村子中的除了年纪在四五十岁上下的村干部
外，其余的就是所谓的弱势群体。

二 当地人的"信任"

我在访谈过程中发现当地人倾向于在话语中建构对于核电
技术安全性的信任，而这种信任又体现了他们所判断的自身与
科学技术、专家及政府之间的关系。当地人对核电工程的信任
可以分为以下几类。

1. 完全信任

有部分受访者对核电项目表示出非常主动且有信心的信
任。这部分受访者分为两类。第一类是当地政府机关的官员。
这类受访者由于受其工作性质及所处的社会地位的影响，属于
获得与核电项目相关信息较多的一群人。与普通居民相比，他

们更能表达自己对核电项目的信任的依据是技术的可靠性。例如，林主任是这样说的：

> 我们完全信任核电技术的安全性，我们不担心泄漏和环境污染，因为我们国家的核电已经发展了 10 多年了，大亚湾和岭澳核电站运行得非常好，没有发生过任何事故。我们国家的技术是相当安全的。

作为在县政府机关工作了 20 多年的资深地方官员，林主任的信任是基于我国现有核电站的安全运行经验。从他的陈述来看，他了解一些关于国家核电运行的简单信息。例如，他知道广东省内已经有两个在运的核电站，运行时间超过 10 年。但是他对于大亚湾和岭澳核电站安全运行的看法值得深入讨论。大亚湾和岭澳核电站确实没有发生过严重的运行事故，但是在广东省内关于大亚湾及岭澳核电站发生过小事故造成泄漏的传闻却时有发生。林主任有可能并没有听说过或担忧过类似的问题，或者他有过关于泄漏问题的担忧，但是不愿意与我分享。他的信任由两种原因造成：第一，他愿意相信核电站是安全的，所以他没有关注或收集过核电站可能并不安全的信息；第二，他缺乏途径去获得大亚湾和岭澳核电站是否安全运行的信息。作为一个县城的官员，林主任确实很难从管理和运营核电站的相关部门获取信息。

另一类受访者是村子里的普通农民。他们在表述对核电项目的信任时更多地关注自己的身份。在表述中还体现了对于自己身份与专家身份的比较。因此可以说，他们表达的对于核电项目的信任更多依据的是对身份所产生的阶级差距的判断。这部分受访者的话语中一个非常典型的表述来自一位黄姓妇女：

　　我不担心（生活在核电站周边）安全不安全，那些科学家的命比我们值钱多了，他们都可以在（核电站）里面工作，那肯定是安全的啦！

　　黄是一个50岁左右的妇女。我对她进行访谈的时候她正在杀鸡准备中午过节①的午饭。这天是当地春节的最后一天，吃过午饭她在外面打工的两个儿子就要离开村子。作为一个留在村子里照顾公婆和做些简单农活的农村妇女，她在家中承担着大量的体力劳动，却处于从属于丈夫与家庭的地位。在建构自己对核电项目的信任时她的依据是"科学家"的身份。在潜意识里她将自己的身份与科学家的身份进行了对比。她认为自己作为一个没有什么知识和文化的年长的普通农村妇女，处于一个相对低的社会阶层。她用"值钱"来形容掌握科学知识的科学家的身份。她认为如果更"值钱"的人的生命可以得到保障，那么像她这种较为"不值钱"的人的生命也不会受威胁。在黄的认知中，科学技术的可信性并不需要具体的事实作为支持，她仅需要通过日常生活中熟悉的阶级分化方式来决定信任关系。

2. 信任核电技术，担心其他不可控事件

　　大埔县居民陈老板在表示其对核电安全性信任的同时，表达了其对除技术以外不可控因素的担忧。陈老板在大埔县城经营一家小型汽车修理店，雇有两个工人帮他工作。平时陈老板除了联系业务以外，有空余时间就在店里看报纸看店。我邀请陈老板做访谈时，他正在阅读一份《梅州日报》，报纸上正好

---

① 农历正月二十一是生活在梅州地区的客家人"送财神"的日子。这一天也是他们认为的新年的结束。在正月二十一之后外出打工的当地人会陆续离家。因此在这一天的中午全家会聚餐。

在讨论中国大陆和台湾地区的紧张关系。① 访谈时，陈老板说：

> 我不担心核电技术的安全性，国家要建设核电站，他们肯定能保证安全的。我就是担心战争。你看这个报纸上也说，现在大陆和台湾关系紧张嘛。你知道我们大埔离台湾很近的。如果这里建了核电站，万一打仗的话，那就麻烦了，他们（台湾军方）有可能会炸核电站的。

陈老板的话在一定程度上与黄的话有相似性，但是陈老板意识到在核电站问题上还有国家技术以外的不确定因素，例如战争。

3. 信任因为没有选择

村干部郝书记表达了其信任当中隐含着缺乏选择的可能性。郝书记说：

> 我不担心（核电）安全问题，国家计划的（项目）肯定没问题。国家如果决定要搞（的项目），我们说什么都没用的。

郝书记同样以国家作为信任的对象，但是他对国家的信任表现出的是"不信任又能怎么样？"

访谈数据显示，非技术专家的信任对象是"政府"、"国家"、"技术"和"科学家"。除此之外他们更愿意谈论与自己生活相关的内容而不是风险问题。非技术专家谈到与科学技术相关的内容时，他们更在乎隐藏于科学技术背后的政府机构，

---

① 2007 年 6 月 3 日《梅州日报》所刊登的内容。

而不是科学知识本身。例如，大埔县唯一的在职培训学校的范老师这样说：

> 我信任国家的项目，这是国家发展的项目，国家是会负责的。如果这里发生问题了，国家会给我们安排地方生活的。说不定就把我们搬到广州去了呢。那我们就不用住在山区了，我们就变成广州人。核电已经发展了这么多年了，又不是什么新东西。而且这种工程都是世界关注的，国家也不会随便乱来。

在许多当地居民的意识中，国家和科学知识是具有神圣感并且与他们的日常生活有一定距离的高高在上的事物。国家是核电安全的有力保障。项目是国家要建设的，国家就要负责。但是对于具体是国家内部的哪些机构来负责项目的风险管理，居民大多没有清晰的想法和认识。这一现象按照贝克和吉登斯的理论可以解释为在现代化科学技术发展初期，由于居民还缺乏相应的知识，因此只能简单地选择信任国家。但是从温的研究发现来看，这种解释存在问题。首先，居民缺乏知识的这一结论下得过于仓促。从外来研究者的角度来看，居民的确表现出知识的缺乏。但是这种知识的缺乏其背后的原因则是机构的壁垒。作为普通的居民他们的生活与高科技产品之间的联系很少，不可能通过日常的生活经验获取到科学知识。从主观上来说，居民也不会自发地想去获得科学知识。从他们的话语中来看，科学技术理所当然是好的、他们所无法了解的，并且也无从置疑的。因此温的研究发现是，人们不掌握科学知识与现代化的发展阶段并没有直接关系，并不是说现代化程度较低人们就不掌握科学知识，现代化程度高人们就掌握科学知识了。无论现代化发展到哪个阶段，机构设置的壁垒都不会消失。大众只能掌握根据日常生活所积累的非专家知识。在政策制定、实施以及风险评估管理的层面上，机构只接受科学知识（专家知识）作为依据的情况下，普通的居民只能处于信任的状态。然而地方官员的信任不仅仅展示他们与科学技术或者机构之间的关系，他们的信任还具有了几个层次的复杂含义：第一，信任表达了他们希望政府和专家能安全运行核电站的要求；第二，信任表达了他们积极欢迎核电项目落户大埔的态度；第三，信任表达了他们对项目中的自身利益的判断。他们的信任带有目的导向的性质，通过表达对于核电项目的绝对信任和拥护，地方官员希望政府最后成功地让核电项目落户大埔。

三　对于无知的建构

除了信任以外，据调研数据显示，当地人对核电风险的无知在一定程度上也带有建构性。我在对大埔县 55 个调研样本的访谈数据进行分析后发现，35 个样本对核电项目表示了无知。温分析了非专家团体（Lay People）的无知（Wynne，1992）。温认为人们表述的无知是"不知道自己是否掌握科学知识"。温指出大众由于自身依据生活经验所获得的非专家知识长期被忽略，因此他们认为自己不掌握科学知识。迈克尔从另外一个角度分析了非技术专家的无知（Michael，1996）。他认为当非技术专家建构无知的时候受到政治和机构设置的影响。他们对某一种科学技术产品的认识并不仅仅是一个认识论上是否掌握相关知识的问题，而是与科学技术相关的机构如何运作有关。迈克尔因此把无知分为四种类型："不加建构的缺乏认识，由于缺乏相应智慧的缺乏认识，由于劳动分工的缺乏认识，蓄意选择不去认识。"（Michael，1996）这四种"无知"的含义如下。

不加建构的缺乏认识：个人表达他对于科学技术完全不知晓的现状，同时他们不打算对这种现状做进一步的解释。这种无知不提供任何与建构性相关的信息，因此也不需要进一步分析。

由于缺乏相应智慧的缺乏认识：个人认为科学技术是好的，但他没有能力去理解其含义及运作机理。

由于劳动分工的缺乏认识：个人认可科学技术的权威性，但是其自身的生活不需要去了解科学技术的运作机理，从而对科学技术敬而远之。

蓄意选择不去认识：个人从认识上不信任科学技术，认为没有必要去了解相关知识及其运作机理。

第四种无知所建构的含义在本质上与第二种和第三种相反，个人不承认科学技术的权威性和先进性。

在 35 个表示无知的样本中，有部分当地人表示出的是纯粹的无知，不体现任何建构的含义，对这一部分人就不进一步加以讨论了。有一部分当地人却在理性地建构他们的无知。他们话语中的无知表现出对政府的依赖以及他们对于自身利益的理性分析。例如，一位刘姓女性受访者说：

> 我听说过这个核电项目，但是不知道它在哪里。我也没跟别人讨论过这个（核电项目），这个跟我无关，这是政府的事。

一位当地诊所的孙医生在访谈过程中是这样说的：

　　我听说过这个核电项目。选址地点就在我家的祖屋附近。我是一个医生，我知道核电站是有辐射的。你看那边的变电站，那个辐射也是很高的。大家都想它搬走。但是政府要盖在那里的，谁能搬得走啊！

当被问及更多有关核电风险及废料处理的问题时，他说：

　　我不知道，这不是我们可以问的问题，也不是我们可以参与的。国家计划了核电项目，他们就要负责管理废料。

在这两个访谈中，受访者在他们的回答中均提到了政府（国家）。他们认为核电项目及其风险与他们无关，政府（国家）会处理一切。孙医生在其话语中强调其职业为医生，以此作为他对辐射有一定专业知识的依据。但是，他不认为自己掌握的专业知识是有用的。因为政府（国家）计划的项目，无论大众是否了解它的风险，都不会对项目有任何影响。

　　当地人认为政府（国家）决定一切，他们是否知道核电的风险并不会改变国家的任何决定，那为什么他们要关心（核电的风险）呢？对于核电事务缺乏参与的可能性以及对于政府处理核电风险的依赖成为当地人建构自己的无知的原因。

　　非技术专家的话语除了表达出对政府处理核电风险的依赖外，还揭示了自我利益的理性考虑与无知之间的关系。一个在大埔县城居住的受访者老王说：

　　我从来没有想过（核电项目的风险）。住在汕头和潮州的人才担心呢。他们要喝韩江的水。

老王的话语显示了他意识到核电项目可能对饮用水带来的风险。他不为这个风险担忧是因为他不喝韩江的水。他在对无知的建构中体现了对利益相关性的理性考虑。

四 风险与利益：当地人的理性置换

当地人在核电项目及其风险的问题上表现出信任和忽视的态度。当然，仅靠人们的表述是无法准确判断他们的思维模式的。在这样的情况下，需要对他们的生活环境和社会文化背景进行深入的考察。虽然从利益的角度出发判断人们对风险的看法更像一种常识性的讨论而不具备学术性，但是社会学者，例如霍利克－琼斯提出关注利益与风险置换的重要性（Horlick‐Jones，2005）。当人们面对核电风险时，他们不会第一时间从科学是否可信的角度判断核电项目是否安全。人们利用自己的收益－风险相关性和所处的社会地位判断该项目是否与自身相关，然后再决定他们是否需要掌握一定的相关知识去维护自己的利益。贝克和吉登斯把核风险定义为一种不能用利益进行置换的现代风险。虽然在商业层面上确实很难就核电事故的发生概率计算其经济赔付率，但是在居民的脑海里，他们还是会进行风险与利益的置换与计算。普通居民认为自己并不会像地方官员所认为的那样在这个核电项目中获得利益。但是当他们被问及为什么不愿意提出自己的意见时，他们指出自己作为一个普通居民势单力薄的实际状况。不同群体的利益风险模式可以被分类如下。

1. 收益大于风险

这类人认为核电项目会带来利益，而他们面对的风险较小或没有风险。地方政府官员和会因为核电项目被迁走的村民是这一分类中典型的群体。大埔县的受访地方官员都表示强烈支持核电站建在本地。他们在访谈中列举了核电站给大埔县带来的好处：

第一，核电站带来的收入可以用在县城的建设上；

第二，核电站会为本地居民带来大量的就业机会；

第三，项目可以拉动地方经济和商业的发展；

第四，核电项目的先进性与现代性能提升大埔县的整体形象。

胡主任在大埔县政协办公室工作。他原来在 GP 镇中学教书，祖祖辈辈都是当地人。由于在中学任职时工作优秀被提拔到县政府办公室工作。近两年因为快到退休年龄了，所以"退二线"又到了县政协办公室。胡主任作为本地的精英阶层，又长期在政府机关工作，所以一方面十分熟悉大埔县的各方面事务，另一方面也非常希望自己的家乡能有好的发展。当谈到核电项目时胡主任说：

> 我们县政府非常希望项目能落户大埔，这对于地方经济的发展大有好处。大埔是国家的贫困县，我们又没有什么工业，耕地又少，核电站可以带来税收和工作机会。

被访谈的地方官员对于核电项目的看法大致上与胡主任类似，但是可能关注的重点不同。例如县政府办公室的黄主任说：

> 我个人非常希望核电项目在大埔建。这个项目能大力促进地方经济，而且核电站对环境的影响是微小的。

林主任还分析了大埔县对于核电项目的需要：

> 大埔县在这个项目上是要积极争取的。因为大埔现在主要是靠水力发电，但是可开发的水力资源已基本用完。如果靠煤电，要从福建运煤，既污染环境又没有优势。所以建核电站对大埔的经济是有造血性的意义的。

GP 镇委古书记的话更加体现了他对于核电项目带来的大型投资的向往：

> 要使梅州的经济得到发展，走珠江三角洲的老路是不行的。走在别人的后面只能永远落后于人。梅州应该走出自己的道路。这就需要有大的投资进行拉动，核电站就是非常好的项目，所以为了发展梅州经济，市、县、镇都会积极配合，争取国家的内陆核电站项目。

古书记是胡主任当时在 GP 镇高中任教时的学生，是一位有干劲、有想法的年轻干部。访谈时，他首先向我介绍了 GP 镇这几年的发展情况和未来的一些想法。其中他非常注重本镇发展的创新性。例如，当谈到 GP 镇较为重要的陶瓷生产行业时古书记就指出现在本镇陶瓷工艺的落后，希望能发展陶瓷工业园和陶瓷工艺学校，从研发的方面提升 GP 镇陶瓷的竞争力。可见在地方官员心目中核电项目是大埔难得一遇的大好机遇，能否抓住这次机遇直接影响着大埔未来的发展定位。有了核电这样的大项目，经济落后的山区县城就能迎来新型的现代化高速发展之路。我访谈的地方官员几乎都是土生土长的大埔本地人，他们对大埔怀有很深的本地情结。在地方政府工作的职位为他们带来比普通老百姓更多的接触和了解核电项目信息的机会。他们认为核电项目风险很低，又是国家重点发展的大型项目，也不会对大埔良好的自然环境带来影响，在这一点上核电站优于火电站和大埔县现有的工业（陶瓷）和林业（桉树种植）。所以作为本地人和地方官员，于公于私核电项目都是一个值得积极争取的项目。

A 村的村民认为核电项目为他们带来机会而不是危害。由于处于韩江岸边的低洼地带，他们每年都遭遇洪灾。在山区务农本来就投入多、收入少，每年的洪灾让他们的经济情况每况愈下。在这样的情况下，搬迁对他们来说是一个改善生活的机会。来自核电站的风险不会对他们造成影响，同时他们也不需要再受到洪灾影响。他们还会因为搬迁而获得来自核工业企业的赔偿金。对 A 村的村民来说这是一种双赢的形式。他们根本没有必要去了解核电项目的风险，因为如果项目上马，他们就会被迁走。他们更为关心的是何时被搬迁以及赔偿金额的多少。

2. 风险大于收益

这部分人认为他们会受到核电站风险的影响，但是并不能获得什么个人利益。下一章将探讨的生活在韩江下游的居民就属于这一类人。在大埔县内，也有居民判断自己属于这一类人；另外还有处于搬迁范围之内但在核电站周边的村民。我与大埔虎山中学黄老师的对话是这样的：

> 黄老师：这个项目不会对普通人带来任何好处，但是它会给地方政府带来利益，起码会有税收来源嘛。那些被搬迁的农民也会获得一定的补偿。像我们这样的人就一点好处也没有了。如果我们县出名了，物价会上涨。

我们能有什么好处？我们私底下也会讨论这个项目。当地政府太穷了，他们需要这个项目来带动经济嘛。

我：如果你认为对自己没有好处，为什么不表达你对项目的不同看法呢？

黄老师：这不关我的事。你说我能找谁说呢？

我：为什么你认为不关你的事呢？这会给你的生活带来风险。

黄老师：风险？你是说污染水源吗？我们不喝韩江的水，我们喝山上的水。潮州和汕头的人才担心水污染呢，所以他们才反对这个项目。

当我提到风险，黄老师的第一反应就是"污染水源"。关于内陆核项目的争议是因饮用水源的污染问题而引发的。大埔县的居民大多听说了下游的居民因为担心水被污染而反对核电项目。虽然处于上游，但是大埔人并不喝韩江的水。而生活在县城湖寮的居民由于离选址地有一定的距离，所以也不属于会获得赔偿或搬迁的人群。因此，县城居民并不认为核电项目直接给他们的生活带来不确定因素。

C村的村民认为自己在搬迁区域以外，并且会受到核电项目潜在风险的影响。他们面临着风险大于收益的状况。还有一些人认为自己应该也属于搬迁范围之内，那么他们就与A村一样可获得"双赢"。由于B村的经济和管理情况都不错，如果被搬迁的话，村民会失去自己多年奋斗的成果，因此核电项目对村民来说没有什么利益。他们更关注项目的风险。这种出于对利益的理性分析使大埔县居民对核电项目的支持或反对态度根据不同的地理分布而不同：认为自己在搬迁区域内的村民大多支持项目，同时选择不去担心项目的风险问题；而生活在搬迁区域外的村民强调风险，因此大多不支持项目的建设。

3. 不清楚风险与利益

大部分生活在县城的普通居民认为核电项目根本与他们无关。他们认为自己并不喝韩江水，并且所居住的地方离核电站的选址地也足够远了，因此并不认为自己需要面对核电站的风险，也不认为项目对自己有什么利益可言。

五 沉默的大多数

在大埔县我看到了县城居民和村民在核电事务参与中的缺失和在风险建构中的沉默。韩江事件中对核电项目提出质疑的下游的汕头和潮州两市人大代表，在事件中无论是梅州大埔县的居民还是选址地周边的村民均没有对项目发出任何反对和质疑的声音。同样，在第二章提到的"银滩无核"案例中也有类似的现象。参与反核的是在当时购置了度假房的"外来"利益相关者，事件中并没有出现任何本身居住在银滩的当地人维权的声音。真正有可能面对核电站直接风险的本地人成为沉默的大多数，而判断自己会在项目中受到影响的"外地"利益相关者成为提出质疑和反对的行动者。这一发现与欧美国家在环境抗争中常讨论的"别在我家后院"（Not in My Back Yard）有很大差异。为什么中国的当地居民不对"在我家后院"的核电项目提出质疑或反对，反而要"邻居"帮忙操心自家的"后院"呢？冯仕政在其关于环境抗争中"沉默的大多数"的研究中指出，差序格局对于城镇居民在遭到环境迫害时选择沉默有一定的解释度。他指出："一个人社会经济地位越高、社会关系网络规模越大或势力越强、关系网络的疏通能力越强，对环境危害做出抗争的可能性就越高,反之则选择沉默的可能性越高。"（冯仕政,2007）潮州和汕头地方的人大代表是冯仕政所指的那一部分:"社会经济地位更高,关系网规模越大,而且疏通能力更强"的群体。一方面,当地人因为缺乏相应的社会地位和活动能力而只能沉默;另一方面,当地人在核电项目中表现出信任、无知及积极进行风险与利益的置换。在调查中他们并没有表现出对核电风险的过度担忧。他们认为核电项目只是政府想要发展的项目,而这个项目与水电站、高速公路等别的项目没有本质的区别。人们通过他们生活中的真实感受、社会背景和利益相关性来评估核电项目的风险。可见在大埔县的整体语境中,核电项目并没有被认为是令人恐惧的和带有特殊风险。相比之下,原来曾经在大埔生活,而现在留在大城市工作和生活的这部分人更多地表达对于核电项目的质疑和担忧。其中一个原因是人们更愿意在网络社会中表达自己的真实想法。这个议题在第七章会更深入地讨论。从本章的分析来看,对于核风险缺乏认知,对于政府和相关机构的依赖,以及在面对本地的发展问题时缺乏发言权是大埔县当地人选择沉默的重要原因。因为当地人一直被排除在各种建设项目之外,一直处于接受安排的状态。当我问起地方官员当地人对核电站有什么看法时,获得的最多的回答是"他们不懂"。地方官员认为当地人不懂核电站是什么。而当地人本身也喜欢强调"我们不懂"。他们所指的"不懂"是"没有相应的科学技术知识"。当地人因为缺乏科学知识,所以他们依靠各种政府机构和工业企业处理与发展相关的各种风险。而他们自身则更热衷于谈论与日常生活相关的内容,以及风险与利益的置换关系。在大埔县当地人出于自身的利益、权力和社会地位的考虑,选择相信国家和忽略项目的风险。但是这种态度在 2011 年的福岛核事故发生后产生了很大的变化，详细的内容将在第六章论述。

Litzinger 在他关于云南水电发展的研究中也发现了类似的问题。在云南反对修建怒江水坝的草根运动是由北京和中国以外的环境保护组织来推动和组织的，当地人几乎不参与任何与水电项目有关的发展计划过程。Litzinger 指出："这些地方（云南水电站附近）的当地居民几乎从不参与任何与发展有关的计划过程。他们最多被咨询一些植物运用、放牧的经验、柴草收集或其他有关资源利用的地方性知识。"（Litzinger，2007）同时当地人也几乎没有参与过任何与水电项目相关的争论。Litzinger 指出："如果我们把草根运动定义为反映当地居民的担忧的话，那么反对怒江水坝的行动根本就不是草根运动。"几乎所有西方关于中国怒江水坝的研究或者新闻报道都没有提及以下两个问题：第一，水坝周边的各个农村和县镇的当地干部是否支持修建水坝；第二，村民在大众对于水坝的反对中处于什么地位（Litzinger，2007）。而在怒江周边的一些当地村民甚至支持水坝建设。因为在建设过程中的一些基础设施建设改善了当地人的生活状况。例如，公路建设使他们的出入、入学、就医变得更加便利。水坝建设也同时为当地人带来大量就业机会。因此从本地人的视角来看，水坝工程带来的是直接的好处。而外来的环境保护团体所提出的修建水坝引起的生态环境问题是他们并没有实际经验也无法立即感知的风险。可以说，由外来团体组织的保护怒江、反对水坝建设的生态环境保护运动并不体现当地人的诉求。

在大埔县当地人的沉默除了体现他们缺乏社会经济地位和活动能力、被排除在决策过程之外的现状外，其实更不能忽视的是他们从自身情况出发的理性判断。第二章回顾过的皮金团队关于"生活在核电站旁边人群"的研究显示：真正生活在核电站周边的居民因为利益卷入，习惯于无奈地接受而把核电站看作自己生活的一部分，所以并不是积极反核的人群。毕竟核电站所存在的环境健康风险与垃圾焚烧厂或垃圾堆填区，或者化工厂和矿场对自然环境造成的直接污染有本质的区别。核电站如果发生爆炸，其影响固然是超越前面的任何一种污染性工业，但是大型事故发生概率毕竟很低。因此对于核电风险的担忧更多来自社会建构和社会传播而不是生活经验。从当地人的理性判断出发，核电项目所带来的搬迁赔偿、就业机会和周边生活的便利性是可预期或实际存在的。而一旦发生大型事故，则无论是否生活在核电站周边都同样难以避免受害。综上所述，当地人在核电项目中表现的沉默除了受到身份、地位、权力、知识等因素的影响外，更多地反映了当地人的理性判断和选择。

第五章
福岛核事故前核事务的
公众参与情况

    人大代表作为唯一对韩江上游内陆核电站项目正式提出质疑并找到有效途径表达质疑的团体，成为本章主要讨论的群体。除了人大代表之外，媒体和网络社会也在一定程度上参与了核电项目的讨论。有关媒体和网络社会的内容将在第七章详细讨论。在国外的文献中，当讨论到公众对核电事务的参与时，总是不可避免地谈到民间环境保护组织、利益相关者团体、地方团体（Local Community）、普通民众以及他们的反对言论和活动。雷恩认为在治理的框架下更加强调利益相关者和公众团体参与到风险定义和处理的过程中来（Renn，2008）。然而在韩江拟建内陆核电站的案例中，地方人大代表站出来，成为参与的中坚力量。这显示了公众参与核电事务在核电风险治理中的中国特色。人大代表既是普通民众的代表，又是地方团体，同时也是利益相关者。这符合摩尔等在中国环境治理的研究中所讨论的中国环境治理的第一步是进行"政治变迁"（Mol & Carter，2006）。人大代表对与环境相关的民生问题的参与体现了一种政治体制内的变迁。这种变迁加强了人大代表代表人民参与民生和环境问题的政策制定的权力。

    在第三章、第四章中，讨论了一些观察到的现象，这些现象都显示了权力与风险定义和建构的相关性。本章将通过机构间的相互关系深入讨论政治决策过程中的结构性参与。在自下而上的层面上，个人如何有能力定义核能的风险，并使他们的定义被他人所接受？个人定义风险的能力是由他的社会地位以及他的工作机构所决定的。地方人大（代表）在代表人民表达民生问题上日益增加的权力使他们能够要求召开咨询会并且在咨询会上指出核电项目潜在的环境风险。然而，作为一个体制内组织，地方人大同时与地方政府和地方党组织之间存在着复杂的联系及合作关系。地方人大代表在事件运作（代表人民）的过程中面临着许多局限性和困难。他们需要获得地方政府的支持才能获得更多的权力和资源参与到决策过程中。从中国现有的几种公共议程的参与模式来看，人大代表的参与并不属于公共参与模式，而属于一种体制内参与模式。

一　建构风险的权力之争

佛洛伊登伯格（Freudenburg）、帕斯特（Paster）、克拉克（Clarke）和肖特（Short）等学者都强调了在风险建构的过程中权力的重要性。克拉克和肖特认为与机构（团体）相比，普通民众（或者个人）在风险建构中掌握较少的权力（Clarke & Short，1993）。像地方人大这样的机构，媒体以及地方政府（地方团体）都在风险建构的过程中掌握一定程度的权力、网络和谈判能力。权力和资源为这些机构（团体）在风险建构的竞技场中占有一席之地提供了可能性。当普通民众以个人的形式在当地企图参与风险的定义时，他们的权力是非常有限的。通常我们看见当普通民众以消费者、投票者或抗议者的身份结成联盟或形成组织的时候，才能获得更多的权力。民间环境保护组织在西方社会的环境保护事件中所掌握的影响决策的权力就是个很好的例子。在韩江拟建内陆核电站的案例中，并没有民间环境保护组织的参与，人大代表成为最主要的参与者，代表人民参与到事件中。他们在"两会"期间要求召开咨询会，要求核工业企业、广东省政府和相关机构回答他们提出的质疑。在西方社会，环境保护类的听证会上，推动科学技术发展的相关政府部门以及造成风险的工业企业经常一起组成项目组织和管理联盟（Hannigan, 2005）。在韩江拟建内陆核电站案例中，中国广东核电集团有限公司和广东省发改委主导了咨询会。他们运用专家和政府公务人员的身份组织话语。他们在咨询会上以及会后的政府回复信件中运用"修辞遏制"的方式避免交流、责任和后续提问。

1. 咨询会

咨询会在 2007 年 2 月 4 日召开。人大代表在《梅州日报》上读到核电站的消息到咨询会召开的 4 个月的时间里做了大量的工作，收集了各种与核电项目有关的信息。收集议案并在人民代表大会期间提出建议是人大代表的职责所在。人大代表陈代表称，在会前他们开过几次碰头会，也咨询了汕头大学海洋生物学方面的专家，代表们还在网上收集了世界各国核电发展的相关信息。

在咨询会上，陈代表说：

> 我们为这个咨询会准备了三个月，我们几乎都变成半个专家了。

人大代表称，与他们所做的准备工作相比，广东省发改委的公务人员和中国广东核电集团有限公司的专家显然没有做什么"功课"。黄代表和王代表指出，他们并不满意在会上得到的答复。

王代表说：

> 我们在会上提的问题比较尖锐。我们是做好了准备
> 的。我们也有相关专业的专家。他们根本没办法回答我们
> 的问题。他们没有提供任何数据说明核电站不会污染水
> 源。当我们问到应急预案的时候，他们根本不回答。当我
> 们问到废料处理的时候，他们也不回答。

黄代表说：

> 他们大部分是官员，只有一个中国广东核电集团有限
> 公司的专家。他是从德国回来的博士，态度很敷衍。

黄代表和王代表的话反映了中国广东核电集团有限公司和
广东省发改委无法提供任何风险评估和安全方面的数据或已有
的工作进展。人大代表在会上的提问以及他们获得的答复反映
了政府和核工业企业在定义核风险的过程中只是依靠他们作为
政府官员和专家的身份，而并不是依据任何科学性的研究成果。

根据《南方日报》的报道，人大代表提出的第一个问题是：

> 广东已有或在建的大亚湾、岭澳、阳江这些沿海的核
> 电站，海岸线这么长，为什么还要在内陆建？而且选址在
> 韩江上游的梅州市大埔、丰顺，请发改委解释一下。

对于这一提问，广东省发改委、省能源办公室主任的回答
是：

我们省一次性能源紧缺，发展核电是省策！现在煤矿都关了，海上的石油有限，而且国家要求"十一五"广东单位能耗要降16%，我们的能源压力很大！积极推广核电等清洁能源是大势所趋，现在发达国家核能已经占17%，我国的目标是2020年核能使用率达4%。广东省适合建核电站的地方不多！核电站选址对地质条件有严格的要求，而且其冷却处理装置需要建在海洋、河流之上。之前我们省几个核电站是建在沿海地区，但由于符合条件的地点有限，所以现在规划建内陆核。

所谓的首个内陆核电项目落户梅州是失实报道！项目起码要2020年才能启动。现在湖南、广西这些省区也在争，我省也只是同时在韩江、西江、北江三江流域普查选址。大埔、丰顺只是基本符合条件，目前还处于普查阶段，根本没有立项。

在听完回答后，潮州代表的回答是：

就好在还没立项啊！要是已经定了，我们搞询问还有什么意义！

第二个问题由潮州代表提出：

韩江毕竟不是大亚湾，是我们的母亲河，中下游1000多万人民喝水就靠她啊！我代表1000多万人民问一句：如果到时真在上游建核电站，到底会不会对水源造成污染？

对于这个问题中国广东核电集团有限公司的专家回应称：

经过20年探索，我们国家的核电站安全技术已经成熟！核电站从设计、施工都有复杂严格的要求，投资主要就是在固、液、气"三废"排放，防辐射等安全体系建设上，高放射性的工业废水不会排放到江海中，经过混凝土固化处理后储存起来，进行几十年的自然衰变。至于排放到江中的废水，主要是员工冲凉、洗衣服、冲地板产生的，必须经过废液处理系统处理后才排。根据大亚湾的检测结果来看，仅是国家允许排污指标的1%，非常安全。另外，冷却塔从河里取水，一秒钟才取4~5立方米，和火电厂的冷却水是一样的，没有放射性，不会污染。

汕头代表接着补充提问：

我是学生物的，这些水温度高达310度，冷却后如排放对江河的生物物种肯定有影响！（我）相信核电技术很强，但核电站的废物日积月累，会不会对周边环境、子孙后代造成辐射等隐性污染？

广东省环保局副巡视员表示：

一旦立项，这些问题都会进行严格的环保论证，再上报国家环保总局审批，有一整套严格的科研论证体系，请代表们放心。

第三个问题由汕头大学教授提出：

所谓的仅占国家允许排污指标的1%，到底是按国际先进标准，还是像我们的汽车尾气排放标准一样，只是低要求的"中国特色"标准？

专家回应道：

> 我国在核能方面用的是外国的老标准。当时没有研究透，要求更严格！现在国外很多标准都越来越宽松了。

人大代表在事件中的反应与贝克和吉登斯在风险社会理论框架下的分析有一定的吻合度。第一，报道的标题和人大代表在会上提出的问题同时表明了核风险的特殊性。人大代表担心核电站会对1000多万人及子孙后代赖以生存的自然环境造成不可逆转的伤害。核风险的特殊性在一定程度上赋予了他们把问题提出来的权力。第二，科学和科学知识是人大代表用来表达自己质疑和担忧的依据。他们在对话的过程中希望提醒核电项目的管理者和专家用更为科学的方法准确地测量核电站对当地水体可能带来的风险和不确定性。但是科学知识社会学从实证研究总结而来的主张确实能引领我们从对科学和科学知识的无休止的争论中抽离，然后更为深入地思考科学知识形成的背景。关于核能的科学知识显然不是人大代表自然而然获得的知识，但的确是他们通过自己的经验判断认为最能与专家和政府部门进行对话的知识。因此他们通过各种手段从核电站运营的专家体系之外获得一定的科学知识，并运用这种知识组织对话。除了科学知识以外，汕头人大代表还运用自己从事珍珠养殖的经验，也就是日常生产中总结出来的非专家知识，提出了关于河水热污染的问题。这其实是该代表最为熟悉的知识。他的这种非专家知识应该获得同等的重视。但是从另一个角度来看，正是人大代表的身份及一定的社会网络帮助他们把对核风险的担忧借由水污染问题提出来。

专家和政府官员作为中国广东核电集团有限公司与广东省发改委的发言人尝试从两个不同的角度让人大代表相信核电项目的安全性。广东省发改委的官员这样回答第一个问题："我们省一次性能源紧缺，发展核电是省策！"从他的话语中我们可以看到核电项目自上而下的政策制定模式。当被问及为何要计划建设内陆核电项目时，政府官员第一个答复就是："发展核电是省策！"这是一种告知而不是谈判及商议的态度。从一开头发言人就尝试用"省策"来堵住人大代表的提问。当人大代表进一步发问时，答复是："所谓的首个内陆核电项目落户梅州是失实报道！项目起码要 2020 年才能启动。现在湖南、广西这些省区也在争，我省也只是同时在韩江、西江、北江三江流域普查选址，大埔、丰顺只是基本符合条件，目前只处于普查阶段，根本没有立项。"其潜台词是："你们不需要在现在就开始担心项目的风险，这个项目是否会上马还是未知之数。"很明显，这一答复和科学知识没有任何关系，也不表示任何跟核电技术相关的专业知识。他的发言权来自其政府官员的身份，因其工作职位获得了宣布政府的政策决定的权力。专家尝试从技术的角度回答关于核电安全性的问题。他是中国广东核电集团有限公司的专家，掌握一定的专业知识。他介绍了现有核电站的水循环系统，并提出了一些指标说明核电站不会污染水源。例如，他说："排放到江中的废水，主要是员工冲凉、洗衣服、冲地板产生的，必须经过废液处理系统处理后才排。根据大亚湾的检查检测结果来看，仅是国家允许排污指标的1%，非常安全。"专家提供的数据并不正式。大亚湾和韩江没有可比性。人大代表指出大亚湾核电站用海水作为冷却水，并且这些用过的冷却水是排放回海洋之中。韩江的水是饮用水源，用海水排放收集的数据来说明饮用水的安全性是不恰当的。专家提供的指标对于没有水污染相关专业知识的普通人来说是难以理解的。他并没有解释国家的污水排放指标，或是这个指标来源，或是人们饮用了超标的污水可能带来的健康风险。专家提出这些数据是希望造成专业壁垒使人大代表无法进一步发问。发改委发言人和专家都用了法国作为例子来说明内陆核项目的安全性。人大代表称他们在会上拿出了法国核电站的分布图，指出法国的内陆核电站是在塞纳河流域，并且运行过程中没有造成饮用水源的污染。

副巡视员的答复更加模糊不清，"一旦立项，这些问题都会进行严格的环保论证，再上报国家环保总局审批，有一整套严格的科研论证体系"。这一段话的表述用的是被动的形式，承担责任的主体并没有出现。谁对"这些问题进行严格的环保论证"？环保总局，核工业企业的专家，还是独立的第三方专家？以何种途径进行论证？所谓"严格"的标准是什么？在表述中这些最为重要的信息都被隐去。答复中出现了"环保总局"作为审批的责任主体，但是进行"一整套严格的科研论证"的责任主体不明。是环保总局同时负责审批和论证吗？副巡视员回答完问题后，人大代表除了获得了"请代表放心"的答复，以及"环保总局"这样的上级部门会管以外，几乎没有获得任何可以对项目的环境问题负责的机构。

这种专家和政府官员主导讨论的情况在美国社会也是屡见不鲜。凯米恩斯坦用了3年的时间观察美国新泽西州举行的多次有关清理垃圾堆填区的公共会议。他发现居民实际上并没有得到足够的信息或被说服，而更多的是被操控或被击败了。专家利用技术信息、抽象的概念制造一种专业的中立形象。专家和政府官员在演讲中利用技术性的模棱两可的语言方式避免与居民代表进行有意义的沟通。凯米恩斯坦把这种谈话的方式称为"遏制修辞",其目的在于主导讨论并阻止民众的进一步参与(Kaminstein,1988)。可见利用身份和权力破坏谈话的平等性并不是"中国特色"。在所谓的西方发达国家,在民主的外衣下真正的主导力量仍然是机构和专家知识体系赋予的权力。

2. 地方人大及地方人大代表

依据宪法规定,地方各级人民代表大会是国家地方权力机关。所谓地方权力机关,是指它能在所辖行政区域代表人民全面、独立地依法行使地区的统治权。地方各级人民代表大会是地方各级国家机关的权力核心,它所制定的法规和作出的决定,地方其他国家机关必须遵守执行。因此地方人民代表大会享有监督地方其他国家机关的权力。但是现实操作中人民代表大会过去常常被称为"橡皮图章"。随着政治体制改革的深化和依法治国方针的贯彻,地方人大的代表性作用日渐强化。随着国家建设和谐社会进程的推进,民生问题受到了空前的重视。地方人大作为代表人民监督政府的部门,在国家的政治体制中获得了更为重要的地位(Cho,2002)。

虽然地方人大和人大代表在韩江的案例中起到了相当重要的作用,但是在接受访谈时人大代表也谈了许多工作中的局限性。

第一,人大代表的资源有限。

受访的人大代表指出他们作为代表的工作是工作本身以外的一份职责。他们需要利用工作之余收集议案的材料,而且在收集材料的过程中没有任何的经费支持,只能依靠本职工作之便获得一定的资源。人大代表需要有一定的社会地位和经济基础才能更好地为民众服务。陈代表说:

人大代表都没有经费的。我们都是兼职。像国外的议员就有钱。现在我们这样有单位的还可以利用一下已有的资源，像农民代表、工人代表就更加难做了。

现在就是这个情况，就是有一定经济地位的人他又不能完完全全地反映来自最下层的声音，能够反映最下层呼声的人他又没有这个能力来反映民意。现在也有省人大代表开了5年会没有发过言。现在这个人大制度应该说是个好制度，但是很多方面也需要进一步完善。很多来自基层的人，由于他们的认识水平有限，所以对环境问题不一定能认识到。他们有时候会熟视无睹，认为是自然而然的事。或者，第二种情况，他真的是无法把这个事说出来，没有这个渠道。

第二，人大代表与基层的距离。

陈代表的话不但指出了人民代表大会制度的第一个局限，同时也揭示了第二个问题：人大代表到底了解多少来自基层的声音？我了解到在汕头市对于韩江内陆核电站项目的质疑的提出首先来自一位职业技术学院的老师。这位老师在《梅州日报》上看到广东省首个内陆核电站项目将落户梅州的新闻报道。他认为这个项目对于汕头会造成很大的影响，于是写信到汕头市政协反映情况。这位老师当时并没有直接写信给人大代表，因为在政协工作的省人大代表同时也意识到项目对当地的影响，于是由省人大代表牵头提出质疑。当被问及人大代表具体如何调研当地的居民以及周边的农民对核电项目的看法时，梁代表和其他代表没有直接回答我的问题，他们只是说通过日常的工作收集资料。有许多学者也讨论过有关人大代表并不是经常听取来自基层的声音的现象。卞继伟（2005）的文章指出人大代表在很大程度上把这个身份作为一种荣誉而不是一个为选民办事的工作。秦晓（2003）认为宣传力度不够，所以老百姓一般都并不清楚谁是自己的代表，即使有事情也不知道应该去找谁。人民和他们的代表之间的沟通渠道没有完善。人大代表和草根之间的鸿沟是人民代表大会制度最大的一个局限。如果人大代表不需要对自己的选民负责，那么人大代表系统实际上是形同虚设。

第三，需借助地方政府和党组的支持。

在案例中人大代表的参与体现了地方人大的监督权日益强化。但参加咨询会的人大代表不约而同地提到了来自地方党组、政府和政协的支持。例如，上文所提到的汕头政协对于议案提出的支持。而在潮州的情况也与汕头类似。潮州人大黄代表说：

> 我们潮州市政府与梅州的交往比较多，所以我们市政府也订了《梅州日报》。结果看到要建核电站的事，于是有关领导就商量怎么把意见反映上去。这时候听说汕头那边是人大代表在组织这个事情。那我们就打算和汕头的人大代表联合一起在省人代会上把问题咨询一下。

实际上陈代表本身就在汕头市政协工作，而黄代表在潮州市政府工作。他们是在自己本来所在的工作单位获得了相关信息和政治上的支持，因此代表汕头市和潮州市政府班子的意见把对于核电项目的质疑和担忧在省人代会上反映给有关部门。从另外一个角度可以看出，人大代表在民生问题上的发言权正在逐年增强。人大代表已经不再是原来民众所认为的"橡皮图章"，他们依靠不断加强的立法和监督权成为社会管理的重要力量。

二　我国核电事务中的公共参与模式分析

我国核电事务的公众参与相对来说少于世界其他拥有核能设施的国家。可以说，在我国核电事务并没有被作为公共事务提上议事日程。虽然在福岛核事故后有更多的利益相关者和普通大众关注核电事务，但是以公共形式发生的参与活动依然很少见。福岛核事故前的公共参与很少，一方面跟核风险意识薄弱有关，另一方面与公共政策的议程有关。

1. 风险意识与政策制定的关系

"关于风险意识的理论本质上存在着政治性，因为这些理论本身蕴含着有关如何组织和实行风险管理政策的见解。"（Jasanoff, 1998）贾瑟诺夫通过 3 个模型介绍了风险意识与环境政策制定之间的关系。这 3 个模型分别是现实主义模型（Realist Model）、建构模型（Constructive Model）和推论模型（Discursive Model）（参见表 5 - 1）。

表 5 - 1　公共政策中的风险认知模型

模型认识论	掌权者	政策建议		
		形式	方法	
现实主义模型	真实性	专家团体	管理	专家建设
建构主义模型	建构性	社会/利益团体	多元化	公众参与
推论模型	建构性	专业话语	批判的	社会运动

资料来源：Jasanoff, 1998。

第一，现实主义模型。此模型的主要特点是认为风险是可以被客观描绘、估量和控制的。专家掌握知识，他们的认知完全凌驾于普通大众的认知之上。而政策是根据专家对风险的评估来制定的。英国在 20 世纪 50 年代发展核电时的政策制定模型基本符合现实主义模型。当时专家对核电风险的评估直接影响当权者的政策制定。政策制定的模式是从上而下的，民众的参与极少（Welsh，2000）。直到 1957 年，英国第一座核电站Windscale 核电站发生火灾唤醒民众的风险意识后，情况才开始发生转变。

第二，建构主义模型。此模型认为风险是通过协商和讨论的过程被社会建构出来的。在这个模型中关于风险的知识是由相互交流与利益相关者的偏好和经验塑造形成的。专家和普通大众对风险的认识共同影响政策制定。在欧洲关于转基因食品的政策制定基本符合这个模型，专家、社会团体、利益相关者团体和普通大众都有平台和空间参与到政策制定的讨论中。

第三，推论模型。此模型结合了上述两个模型的共同特点，同时强调专业话语以及客观实验分析对大众风险意识的塑造。在这个模型中，公共政策体现了一种力量制衡关系。社会上的民间团体、科研机构、政府专家及政府部门都运用专业知识对风险进行定义。大众的风险意识受到各方面力量的影响。耶利所提到的关于壳牌（Shell）和绿色和平（Greenpeace）的例子正好可以作为此模型的案例（Yearley，2000）。1995 年绿色和平挑战壳牌和英国政府达成的官方协议。该协议同意壳牌可以把布兰特史帕尔储油平台（Brent Spar）弃置于苏格兰东北部大西洋的波谷处。绿色和平认为炼油台的污染性比壳牌所了解的要强，将其从海底转移所带来的危险很高。绿色和平把这一发现向公众公开后，获得大众的广泛支持。消费者组织起来联合抵制壳牌的汽油产品而改用其他牌子的汽油产品。在这样的情况下壳牌没有必要冒着失去消费者的风险弃置炼油台。在一定程度上来看，这个例子确实是公众对风险事件的参与使得绿色和平在事件中取得成功。但事实上，绿色和平对炼油台风险的测量和定义并不是来自公众参与，而是由专家在实验室里完成的。而绿色和平所掌握的这些由他们的科学家定义出来的炼油台的风险，成功影响了大众对风险的认知，从而通过公众的参与影响政策制定。所以在这样的形势下，大众对风险的认知也是来自专家和科学发现对他们的影响。所以政策制定更加偏向力量的制衡，哪一方能够成功获得公众的认可，哪一方的意见就被采纳。

从以上三种情况来看，我国在核电事务的公众参与方面以前一直比较符合现实主义模型。

2. 公共议程与政策制定的关系

王绍光（2006）在公共政策议程的研究中提出这样一个问题："为什么有些事被提上议事日程，而另一些却没有？"这也是我的研究中要提出的一个重要问题：为什么在北美和欧洲，关于核电发展的风险是极为重要的公众议题？而在中国国家提出了大力发展核电的政策，[①] 公众却极少讨论这个议题。王绍光根据政策提出者的身份和民众参与程度归纳出6种议程设置模式（见表5-2）。

表 5 - 2　公共议程设计的模式

		议程提出者		
		决策者	智囊团	民间
民众参与程度	低	Ⅰ 关门模式	Ⅲ 内参模式	Ⅴ 上书模式
	高	Ⅱ 动员模式	Ⅳ 借力模式	Ⅵ 外压模式

资料来源：王绍光（2006）。

---

① 根据《核电中长期发展规划（2005~2020年）》全文，我国到2020年，核电运行装机容量争取达到4000万千瓦；核电年发电量达到2600亿~2800亿千瓦时。这个数字意味着，在我国现在运行的11个反应堆的基础上再建30个百万千瓦级的大型反应堆。

在关门模式中，公众不参与政策制定的过程。决策者认为，在决定议事日程的过程中没有必要争取大众的支持。中国在20世纪七八十年代制定核电发展政策时，正是用的这种关门模式。20世纪80年代初期在邓小平同志的指示下，由李鹏当时所在的水利电力部主持的大亚湾核电项目，是完全由中央领导进行决策的。根据《起步到发展——李鹏核电日记》的内容，李鹏于1972年和1979年分别到法国和日本访问核电站项目。1980年邓小平同志作出在南部经济发达地区至少建设两个核电机组的指示。1981～1982年，国务院先后召开5次会议论证大亚湾核电项目（当时称广东核电项目），在最后一次会议上作出了发展该项目的决议。该项目从决议到政策制定，再到后来与法方、英方签订设备技术进口合同及与我国香港签订售电合同，完全是中央决策，没有任何形式的公众参与。直到1986年切尔诺贝利核电事故发生，香港公民以核电站离香港过近（少于60公里）为由开展反核运动。广东政府派专员接待香港核问题关注小组并达成协议：在今后的时间里，香港的核问题关注小组参与对核电站运行的监督工作。然而在中国内部，大亚湾项目从始至终都运用的是关门模式。动员模式与关门模式的相似之处在于决策者仍然是政策议程中的提出者。但是在动员模式中，决策者通过让大众对政策议程感兴趣的方式赢得他们对议程的支持。中国在改革开放以前，由毛泽东领导的党中央制定的战略议程基本都属于这一种模式，例如土地改革、"大跃进"等（王绍光，2006）。在近期，国家所推行的医疗改革也属于动员模式的例子。

内参模式和借力模式的共同特点是议程不是由决策者提出，而是由决策者身边的智囊团提出。这两个模型的不同之处在于：在内参模式中，智囊团提出政策议程只是为了得到决策者的支持，他们并不在乎大众的支持；而在借力模式中，智囊团通过寻求大众的支持从而使他们提出的政策议程得到决策者的采纳。改革开放以来，由于对决策科学化的提倡，使得内参模式更为常见。由此，研究机构和大学也开始提供更加专业的政策咨询。与内参模式相比，借力模式在中国并不常见。通常情况下智囊团不希望通过民众给决策者施加压力。然而在一些特殊的例子中却是采用了借力模式，例如媒体改革，在政府内部对这一政策有许多反对的声音，但同时改革又能为民众带来实实在在的好处。

在上书模式和外压模式中，公民都是议程的发起者。这里的"上书"是指给决策者写信，提出政策建议，不包括为个人或小群体利益向政府反映情况（王绍光，2006）。在下一部分要讨论的"银滩无核"网络反核运动中市民就通过上书模式表达他们对核电项目可能造成的环境危害的担忧。现在在中国一些拥有一定社会地位和社会关系的公民开始尝试用这种办法影响政策制定。外压模式可以被看作上书模式的升级版本，公民对事件的参与性更强。争取民意和舆论的支持是形成外压的重要手段。通过这样的方式使得更多的民众参与到事件中，从而对决策者形成压力，最终达到影响决策的目的。

3. 体制内参与

人大代表对内陆核事件的参与不属于一种公共参与，而应该被归为体制内参与。在大众普遍核风险意识不强的时候，人大代表作为有体制内表达意见的途径的利益相关者，利用这种方式提出质疑，体现了核电事务参与中的中国特色。三位人大代表陈代表、黄代表和梁代表在访谈中不约而同地先从饮用水安全和民生的角度阐述他们的担忧。陈代表说：

作为人大代表，我们就感到这个事情比较重大。因为搞核能是国家的能源政策，搞这些现代的新能源，所以广东这里是要发展新能源。但是它要跟我们的民生问题结合起来。你比如说现在韩江上游发展核电站，它有没有污染，有没有潜在的污染，民间担心，我们也感到担忧。

梁代表说：

因为这个韩江对于我们来说就关乎到 1000 多万人的饮水问题。她（与会的发改委负责人）说没有问题，他（与会的中国广东核电集团有限公司专家）强调没有污染。什么事都没有绝对的，对不对？

而事实上，人大代表的担忧并不仅停留在饮用水上，他们也提到了对核能技术风险的担忧，以及对突发性事件的担忧。例如，黄代表说：

我们对国家的技术也不是不信任，但是国际上一直有发生泄漏的事故，万一遇到战争、遇到地震怎么办？因为我们这里是地震带。而且我们韩江的水质量很好的，揭阳那边也是喝这里的水。

梁代表说：

确实他们建这个（韩江上游）核电站我们还有很多疑问。大家有疑问就提出来，我们确实是比较担忧，要让他们保证安全。因为这个核电站的泄漏问题不是可以百分之百保证的。现在一年至少要有一次以上的泄漏报道嘛。所以我们要考虑在技术方面我们也不是特别成熟，我们（的技术）也是后生（性）的。这次就算退一万步来说，我们相信技术可以保证，但是万一有什么别的地方的问题怎么办？

虽然人大代表除了饮用水水源的问题外也担心地震、战争导致核泄漏进而引起爆炸等一系列的问题，但他们认为国家对环境污染和民生问题特别重视，并且在"两会"期间给了人大代表一定的发言权和讨论的空间。所以这次他们担忧的虽然是核污染问题，但也需要把民生和水污染问题作为核心议题进行询问。这种角度的选择可以使他们获得更多参与的权力。同时这种体制内的参与模式中，地方人大对上级政府还是表达了信任的态度。他们其实把上级政府看作能公平处理问题的"家长"，希望通过省人大会议把自己的意见向"家长"提出来，寻求解决。

4. 体制内参与与公共参与的比较：英国公开咨询与中国的人大代表咨询

温对英国的 Windscale 核电项目公开咨询活动进行了为期一年的参与调查（Wynne，1982）。温指出："公开咨询（Public Inquiry）是英国技术发展管理制度的核心，其作用在于成为当地人、非政府组织、政策制定者和工业发展之间的纽带。"公开咨询最早开始于 19 世纪，体现了英国务实的行政管理精神。整个公开咨询过程包含了非常复杂的各种程序，从地方听证（Local Hearing）到针对重要事件的地方计划咨询（Local Planning Inquiry），再到针对环境污染的皇家常设委员会，最后是法庭裁决。公开咨询可以被看成平衡各种不同权力团体的公开讨论。在公开咨询中各种不同的社会权力团体表达他们对于核电项目的支持或反对态度。各部长大臣处在准司法程序中法官的位置。他们听取双方调查者的报告，并在保证国家利益的基础上作出最后裁决。

人大代表咨询制度并不是为了大型科技项目决策而设立的，而是在现实中当人大代表遇到诸如民众质疑核电项目的情况时，尝试利用这个咨询制度来反映人民的意见。因此这两个系统体现了较大的差异。第一，在英国核电项目的开发和所有者是核工业企业，反对核电项目的个人或团体可以在公开咨询中直接面对中央政府提出反对意见。中央政府在咨询中成为判断项目是否应该开发的"法官"。中央政府在项目中处于中立的位置。支持或反对项目的机构或团体需要提交证据和材料来支持各自的主张。公开咨询的目的在于给予双方公开透明的空间发表不同意见，而人大代表咨询是希望通过自身在政治体制内的权力获得在核电项目上咨询上级政府和单位的渠道。公开咨询是自上而下开放空间听取社会各界意见的模式，而人大代表咨询是自下而上寻找意见表达途径的模式。第二，政府在公开咨询中处于中立的位置。虽然温在他的调查中指出英国政府在大型技术的发展中过分卷入以至于使公开咨询的功能受到影响，但是，政府始终要在规定的中立位置上接受监督。但是在中国核电的发展问题上政府的位置却始终含混不清。第三，人大代表的咨询系统要求人大代表收集议案。因此质疑核电项目的个人和团体需要委托人大代表向上反映自己的意见而不能直接与政府对话。第四，人大代表咨询制度是通过上级政府解决问题，而公开咨询制度是通过制度和法律解决问题。

三　福岛事故前我国居民核事务参与的动机、过程与结果

福岛核事故前我国居民参与并对政策制定产生一定影响的事件有两次：一次是本书重点讨论的韩江上游拟建内陆核电站事件，另一次是第二章简单介绍过的"银滩无核"网络反核运动。这两次事件在发起的形式和运用的策略上有较大的区别。韩江上游拟建内陆核电站事件是由人大代表在体制内发起的、参与人数较少的咨询活动。该活动的目的在于提醒广东省政府在发展核电的过程中听从民意。这是一次由体制内的政治精英组成的利益集团对政策制定的参与活动。"银滩无核"网络反核运动是由在银滩购置房产的利益相关的普通群众发起的、以网络为信息发布和动员平台的反核活动。该活动的目的在于把核电站项目赶出银滩。这是由利益相关者中的部分骨干分子发起的维权运动。然而这两个事件的动员都同样运用了与环境保护有关的概念。从这一点来看，对于核能发展对自然环境带来的风险和不可逆转的破坏的担忧确实起到了动员利益相关者参与核项目的作用。

从参与的过程来看，韩江上游拟建内陆核电站案例中人大代表首先在会前通过碰头、商议、各自回去收集资料的方式组织并协商好了在省人民代表大会召开期间利用咨询的方式对核电项目提出质疑。在咨询会上人大代表提出了三个问题，并认为相关部门负责人和专家没有给予满意的答复。在咨询会结束后，汕头市人大代表们把自己在会上的提问进行整理，以联名信的形式递交给广东省委、省政府领导，进行进一步的询问。广东省委、省政府令发改委给予人大代表答复。2007年4月广

东省发改委就韩江内陆核项目给予汕头市人大代表书面答复，指出内陆核项目还未立项，在未来核电项目的发展中政府会尊重民意。汕头人大代表收到书面答复后表示答复并没有明确说明项目是否会上马。因此人大代表继续通过联名信方式询问广东省发改委。2007年6月省发改委给予的答复中明确表示尊重民意，在2015年之前将不考虑在广东省内开发内陆核项目。人大代表的询问与参与到此为止，为韩江上游拟建内陆核电站案例画上句号。

"银滩无核"网络反核运动的参与过程相对来说更为复杂。维权骨干首先在山房网发帖反对核电项目，在获得了其他网友的支持后他们又把反对核电项目的文章发往大海网、新华网、人民网等其他网络论坛。正当网友们的反核呼声受到了《第一财经日报》这一纸媒的关注，并扩大其影响力时，讨论最热烈的山房网遭到关闭，网友于是转战到"家在银滩"和大海网两个网络社会。2006年9月，"大海环保公社"把500多人参与的联名信呈送到国家环保总局和国家海洋局。但是由于理念不同，"家在银滩"和大海网都没有成为网络维权运动的最终根据地。几经辗转网友们终于在"银滩之家"网络论坛落户，重新组织反核运动。除了在网上发表文章和组织论坛外，维权骨干还在现场收集群众签名。虽然网络反核运动已经进行了10个月之久，但2006年11月1日网友们在报纸上获得"红石顶核工业企业揭牌"的消息。核电项目建设的脚步并没有因为网友的反核运动而停歇。维权骨干还是坚持给国家发改委写信，并且着手做准备，通过熟人把"银滩无核"的材料递送到北京相关领导手里。2007年3月维权骨干带着"银滩无核"的材料（包括文字申述、银滩实景照片和1000多人的签名册）北上。两个月后的5月29日国家环保总局给予正式复

信，并且把信公示在环保总局的网站上。回信指出："乳山核
电项目正处在前期计划、论证和准备阶段，尚未得到国家的核
准。""国家环境保护总局和国家核安全局密切关注群众反映
的情况……对于部分信访文件中反映的乳山核电厂址周边军事
设施问题，我们将在正式审查环节中予以关注。"网友还在
2007 年五一黄金周在银滩组织了"银滩无核"线下反核活动。
2007 年 5 月 28 日网友发现红顶核电筹建处发布了第一次征询
公众评议的公告。到 6 月 12 日的意见征询截止日期，网友共
收集 628 份征询表，其中 627 份反对，1 份支持。维权骨干于
当天下午把收集的征询表送到筹建处。2007 年 7 月 27 日维权
骨干受到秦山第三核电有限公司总经理的邀请，与总经理就核
电项目进行了面谈。同一天网友组织了第二次"银滩无核"线
下反核运动。2007 年 11 月初，国家正式公布了《核电中长期
发展规划 （2005 ～ 2020 年）》。红石顶被戴上了一顶"红帽
子"，成为全国唯一一个"需要进一步研究的厂址"。① 2008 年
红石顶项目正式停建。该项目成为主流媒体报道中中国第一个
因民众的反对而被长期搁置的核电项目。维权骨干称："银滩
无核在极其艰难的情况下取得了阶段性的成果；但最后的结局
如何，还要看国家核电规划的调整情况。"② 在"银滩无核"
网络反核运动中，网民以及其中的维权骨干始终没有获得项目
会被正式停建的官方通知，他们只能通过从各个侧面打听核电
项目的进程，揣摩分析国家出台的相关政策及发布的相关信息
来判断红石顶项目的动向。

　　从项目的规模和所处的运行阶段来看，这两个事件中利益

① 《银滩红石顶核危机》，http：//bbs. txdyt. com/thread - 124189 - 1 - 1. html。
② 《银滩红石顶核危机》，http：//bbs. txdyt. com/thread - 124189 - 1 - 1. html。

相关者的参与活动可能不具可比性。但是作为发生在相类似的时间点上，中国南北方体制内与体制外的核电参与活动来说，这两个案例的比较具有非凡的意义。人大代表由于其体制内的权力而获得了直接向省政府相关部门反映意见的"快速通道"。维权骨干则需通过网上动员、与媒体联合、借助私人网络等一系列手段引起国家相关部门的重视后，才能获得反映意见的途径。但自始至终，维权骨干获得的答复只是"国家和政府会重视他们的意见，审慎发展核电项目"。他们并没有获得项目是否会停止的直接答复。相对于人大代表来说，他们的反核之路走得更为艰辛和一波三折。这两个事件通过体制内和体制外两种不同的形式体现了自下而上的核电事务参与中的权力关系。

第六章
福岛核危机对我国大众核电
风险认知的塑造

为了解福岛核危机后我国大众对核风险的认知和建构的变化情况，我在 2011 年 7 月至 2012 年 7 月共设计了两个单元的调查。第一个单元的调查是 2011 年 8~9 月对 2007 年和 2008 年在梅州大埔县调查过的县城居民和 A、B、C 3 个村的村民进行回访，从而比对当地人对核风险的看法。第二个单元的调查是 2012 年 7 月对大亚湾核电站附近的深圳大鹏居民进行调查，了解他们对于自己住在核电站周边所面临的风险的看法。

一 核风险认知的形成

2011 年 8~9 月对大埔县的回访中收集的数据显示，福岛核危机的发生使当地人意识到核风险的真实存在。出发前，我再次联系在 2007~2008 年的田野调查中给过我许多帮助的胡主任。胡主任说："日本的核电站爆炸以后，县里面对核电项目的态度就不一样了，大家都有点怕了。不过本来这个项目就说不搞了，所以不搞还好了。"我到大埔县后对县城内和 A、B、C 村共 25 人做了访谈。25 个受访者中 20 人明确表示他们认为核电项目是"危险的"，不希望当地继续上马核电项目。而他们获得福岛核危机的信息主要有以下两个途径：第一，从电视、报纸等公共

新闻媒体看到的有关报道；第二，在外地工作的家里人在私人
领域的交流中告知福岛核危机使当地人意识到核风险的真实存
在。当被问及是否担心核电有危险时，非技术专家首先表示出
对"核电技术"的不信任。受访者认为中国的核电技术比不上
日本，如果日本发生重大事故，那么中国的核电技术也不值得
信赖。当地人同时提到大埔也处于地震带，并且经常发生洪水
灾害，在大埔建核电站也有很多不安全因素。谢老板三十出头，
在县城经营一家小型金饰店。我于 2007 年 7 月对他进行访谈的
时候，谢老板表示不太了解核电站，不愿意接受访谈；但他告
诉我如果想知道核电站的事情可以上大埔论坛。当我 2011 年 8
月再次到他的金饰店去做访谈时，谢老板的回答是：

> 日本的事情你也知道吧，那你害不害怕呀？你还敢不
> 敢要核电站呀？

当被问及是否担心核电有危险时，非技术专家首先表示出
对"核电技术"的不信任。刘司机的回答是：

> 你看日本的核电站都爆炸了，我们国家的技术能好过
> 日本的技术吗？我觉得核电不安全。

而在 2007 年表示支持和欢迎核电项目的地方政府官员在
2011 年的调查中也改变了态度。在县政府工作，负责能源事
务的范局长表示：

> 我们大埔现在的目标是打造宜居城市，像核电站这么
> 危险的项目我觉得就不要了吧。

在深圳大鹏的调查共有受访者 27 人。调查显示，当地人对核电项目的恐惧心理明显。例如经营店铺生意的当地人陈老板说：

> 核电站是定时炸弹。（关于核电站的潜在危险和影响）当地政府是不会说的。担心又能怎么样？平时（跟朋友）坐下来聊天也会说（关于核电的事情）。（由于核电站在周边）人是有一定变化的，主要体现是心里害怕，怕对小孩子有影响……从心理上（我）觉得迟早会有事发生。

有一部分当地受访者明确表示在福岛核事故之后开始知道原来核电站是很恐怖的。受访者也表示在处理核电问题上对政府不信任。小林在一家水上活动用品出租店工作。当被问及对核电站的看法时，他说：

> 我是不相信政府的话的，他们什么也不告诉我们，我比较相信香港政府和那边的媒体和科学家的话。我们这些人没什么文化，也没什么知识，什么都不懂，也不懂得担心。
>
> （政府和核电站方面）从来没有就核电站的事情跟老百姓交流过。他们不会管你的。（老百姓）也没有闹过。政府想做什么就做什么。

二　对核电的"不信任"是如何产生的

在社会学界关于大众对现代高科技产品所持的"不信任"

态度有两个理论视角的争论。贝克和吉登斯以及温等人从两个完全不同的角度分析和阐述了大众在现代科学技术发展的过程中形成的对专家体系的"信任危机"。贝克和吉登斯认为"信任危机"的核心是"科学知识"。正是由于更新的科学知识被大众所了解,因此他们怀疑已有技术的安全性和不确定性。而在科学知识社会学强调科学知识的社会建构性的框架下,温等人在科学知识社会学的理论框架下从大众理解科学(Public Understanding of Science)的角度强调大众所处的社会、文化、经济和政治背景对他们的相关(科学)知识的塑造,以及他们在日常生活中所总结的非专家知识的重要性(大众掌握的非专家知识与所谓的专家知识是平等的,而并非谬误和非理性的)(Wynne,1996)。这两个理论都是从认知的层面(Cognitive Status)讨论大众对现代科学技术和专家体系从"信任"转向"不信任"的原因。然而相对于贝克和吉登斯的理论,温从大众理解科学的角度更加注重普通大众对于现代化科学技术细微的矛盾心理。温主张实际上普通的大众并不像贝克和吉登斯认为的那样可以用科学知识武装自己,从而通过对现实世界的反思而作出哪种科学知识更为可信的抉择。大众一般对于运作现代化科学技术的机构有一种宿命性的依赖(Fatalistic Dependency),他们缺乏选择,而只能相信。即使在一些现实案例中事实证明专家知识出现了问题,而大众的非专家知识是正确的,他们也很难冲破机构和知识的壁垒,在处理风险的问题上有所作为。温等人认为大众掌握的"非专家知识"与所谓的科学知识和专家知识是平等的,而并非谬误和非理性的。但正是由于非专家知识一直被忽略和被排除在风险决策的体系之外,因而引起了非专家知识和专家知识的对立。在这种对立的基础上,当发生灾害性事件证实专家体系的错误时,就会引发大众对专家体系的"信任危机"。

1. "风险社会"下的"信任危机"

在"风险社会"的框架下贝克首先强调的是现代风险的特殊性和科学的自反性概念。贝克认为现代社会中随着科学技术高度发展而形成的风险是一种人类没有相应历史经验的、无法预计其后果的、极易令人产生恐惧心理的新型风险（Beck，1992）。这种风险有一个重要特征：它比以往任何一种传统风险更需要科学知识的定义和评估；然而科学知识对这种风险的定义和评估又前所未有地受到质疑。核风险正是贝克定义的现代风险的典型例子。由于核能是人类科学技术发展到极高水平的产物，大众需要科学技术专家对其风险进行评估和定义。然而在现实运行中，由于技术上无法克服核能风险的不确定性，于是技术专家的知识总是不断地被新的知识所质疑、挑战或者推翻。贝克因此提出自反性现代化理论。他认为虽然现代化发展无可避免地带来风险，但是现代社会又具有前所未有的反思和自我批判的特征。科学在不断地批判和修正自己的不足和谬误。虽然科学的自反性可能带来更多的谬误和风险，但是贝克始终把科学（科学知识）作为自反性现代化社会向前发展的内在动力。

吉登斯对现代风险和反思性现代化理论以及科学的反思性的主张与贝克有很大的共性。但是吉登斯的理论更为乐观地把反思性现代化作为风险社会的出路（刘岩，2009）。同时与贝克相比，吉登斯对于现代社会的信任和信任危机的产生有更为具体的分析和阐述。吉登斯（2011）提出，科学技术风险的特殊性和现代社会的反思性特点决定了大众对于权威机构的信任不再像过去一样理所应当。在风险社会的背景下，大众基于对科学技术风险的反思，有选择地投放他们的信任。而权威机构必须主动去赢得大众的信任。灾难性事件的发生引发了大众对核能的信任危机。而这种信任危机具体体现在对"专家系统"的信任丧失。吉登斯认为，在传统社会中，大众对"专家系统"的信任在一定程度上是一种信赖，也就是说大众如同相信拿着货币就可以买到商品一样信任科学技术专家的专业知识。在这个阶段大众对专家知识的信任有一定的盲目性，也就是说，他们在并不了解科学技术运行原则的基础上已经选择信任科学技术专家的专业知识和专业知识运行体系。然而在风险社会当中，由于人们真实地见证了专家知识的谬误，以及科学知识在面对技术的不确定性时的无所作为，他们开始反思科学知识的权威性，同时积极地选择"谁"更值得信任（Welsh，2000）。例如，在核能发展初期大众信任专家体系和核工业部门以及政府能够有效控制风险和保证核能的安全运行。然而当大型核事故发生后，人们亲身体验了专家体系的谬误以及管理部门的不作为，于是他们反思专家体系定义和管理风险的谬误，并且更主动地选择信任的对象（媒体、民间环境保护组织，或者非官方的科研机构等）。贝克和吉登斯同时指出，在风险社会中由于大众对于"专家系统"的信任丧失而引发的"信任危机"极难修复，似乎在风险社会中更多的科学知识只能导致更多的担忧和信任危机。

　　贝克和吉登斯的理论因此受到了许多实证研究的批判和修正。威尔士对于英国核工业的研究指出，专家体系在核能发展的初期已经受到怀疑和挑战。早在20世纪四五十年代英国核电站建设的论证阶段就有人提出过对专家体系的怀疑。大众并不像吉登斯认为的那样对专家体系存在单纯的信任。而核能的发展过程中围绕风险和发展的决策也并不如想象中那样以科学知识和专家知识为核心依据。虽然从很大程度上来说，在核能的发展过程中专家体系会影响政策制定，但并没有如贝克和吉登斯所述的那般成为推动核能发展和对发展中的风险进行反思的主导力量。同时，所谓的科学知识和专家知识在很大程度上受到当时的政治和经济情况的影响，它们并不能像贝克和吉登斯认为的那样独立而客观地成为反思科学技术风险的主导力量。

2. "非专家知识"与"信任危机"来自"科学知识社会学"的解释

以温为代表的英国社会学者尝试从另一个角度理解和阐释信任危机产生的症结所在。通过大量的实证研究，温及艾伦·欧文等强调（科学）知识形成的社会背景，并指出了非专家知识的重要性（Irwin and Wynne，1996）。温认为吉登斯的理论在解释信任危机的问题时犯了两个严重错误："吉登斯，最初把表面上无可争议的专家地位等同于大众对专家知识的信任；然后把专家意见广泛和公开受到争议看作大众主动选择（可信任对象）的结果，他认为大众可以在一个全新的维度上推翻之前他们对专家知识毫无疑问的信任。"（Wynne，1992）温主张实际上普通的大众并不像贝克和吉登斯认为的那样可以用科学知识武装自己，从而通过对现实世界的反思而选择哪种科学知识更为可信。温的实证研究结果指出，即使是在民主化程度和科学技术化程度非常高的英国，大众也无法脱离制度化的壁垒、文化及社会地位上的劣势主动地反思科学技术带来的问题。大众只掌握非专家知识，他们只能通过自己在日常生活中的经验来判断和定义风险。欧文对英国居住在污染性工业区周边居民的科学知识的调研中也有类似的发现。欧文在1996年发表的论文指出，当地人就与技术相关的事务发表见解时，与科学技术相关的信息几乎不被提及，他们更关注"外人"（一些科学家）与"内人"（那些真正生活在担忧中的人们）之间的分歧来自哪里（Irwin，1996）。温和欧文认为大众的这种非专家知识应该受到与专家知识同等的重视。但事实上大众的非专家知识总是被认为是谬误的、非理性的和缺乏科学依据的。因此温认为信任危机的产生并不是如贝克和吉登斯认为的那样，是由于大众掌握了科学文化知识，因而变得更加担忧技术风险。相反，信任危机产生于大众对自己面临的实际情况的理性的、深刻的反思。这些实际情况集中表现为：在知识的层面上无法掌握被认可的相关科学知识；在机构设置上被排除在科学技术、专家体系之外；在政治上缺乏参与决策的手段。

同样是科学知识社会学领域学者史蒂夫·耶利在 2000 年对英国大众如何运用非专家知识参与到城市空气污染的界定中的实证研究验证了温对信任危机的阐述。但耶利提出大众对专家体系的不满除了表现在对技术测量的怀疑上，还表现在对技术机会成本的质疑（他们质疑为什么要花费大价钱引入技术测量的专家体系），以及对该专家体系其实在制度上受制于地方权力机构的事实的不满上（Yearley，2000）。因此耶利提出关注非专家知识固然对于研究信任危机有相当重要的意义，但这显然不是信任危机的全部。大众同时质疑高科技产品的成本，专家体系评估的风险有多少能作用于政策制定，以及地方权力机构的管理效力。耶利认为以上的要素同样会导致信任危机，因此需要更多的实证研究不断完善科学技术社会学对信任危机的解释力。

3. 解读我国大众在福岛核危机后产生的"不信任"

从理论上来看，可以说科学知识社会学和风险社会理论对于科学（知识）有截然不同的看法，所以对"信任危机"有不同的解释。风险社会的理论框架更为关注的是"科学"这个概念内部的关系。也就是说，缺乏不可抗拒的科学专家是风险社会最令人担忧的特质。① 而科学知识社会学的理论框架并不是把科学或者科学知识本身作为核心问题加以讨论。该理论把大众如何理解科学，并且用自己在日常生活中总结出来的非专家知识来与所谓的科学知识进行比较。也可以说，科学知识社会学框架下的学者通过更为细致的实证研究，通过一个又一个案例对风险社会理论中关于大众科学知识的简单化理解进行了修正和补充，并且为解释大众对于高科技产品的信任危机提供了另一个有说服力的理论依据。同时这两个理论的一个共同点就是只关注大众在认知层面的"信任"和"不信任"，而没有深入考察大众在表达"信任"和"不信任"的时候所要积极传递的信息。

但是从实际情况出发，我国大众对核电项目的"不信任"并非表现在技术方面，案例中并没有体现出非专家知识与专家知识（科学知识）不可调和的矛盾。在公共领域，人大代表采取诉诸政府的方式，希望通过表达自己的"不信任"情绪，达到引起有关部门的重视，从而有效降低风险的目的。而当地人对核电产生的是一种事故前的忽略和事故后的恐惧心理。因此在解读我国大众在核电发展中的"不信任"时仅仅停留在对知识和风险的认知方面的讨论并不足够，更重要的是关注信任机制的变化过程。在案例研究的基础上可以看出我国大众信任机制的变化过程主要受到信息获取途径和政府在核电发展中扮演的角色的影响。

我国大众是通过什么途径知晓核风险的？在这个知晓的过程中核风险放大了还是缩小了？汉尼根（2009）指出，在知晓

---

① 专家总是受到质疑，新的科学技术成果总是不断地推翻旧的科学技术成果。

也就是核电风险认知形成的过程中，家庭成员之间的交流以及媒体的宣传起了至关重要的作用。斯洛维奇的研究指出，大众对核危机的经验来自传媒对大型核危机事件的传播和报道（Slovic，1987）。这与我在 2011 年对大埔县的调研发现相吻合。一直以来，我国传媒对国内的核电事件报道较为保守。新闻记者通常报道核电运营企业提供的相关新闻稿件或政府的核电发展政策，但并不对核电运行或核电站进行采访或自行编辑新闻稿。因此，从我国传媒报道国内核电新闻的情况看，大众是很难从传统媒体（报纸、电视、广播）上看到我国核电的负面新闻的。然而，日本的福岛核事故发生后成为各大媒体竞相报道的热门新闻。该事件的传播成为塑造我国大众对核电风险的认知的重要途径。库其斯卡娅对非技术专家对核辐射风险及其影响的经验是如何在后切尔诺贝利时期被塑造进行了研究（Kuchinskaya，2011）。该研究指出，大众（非技术专家）并不总是最能够感知核电风险，并且对核辐射的影响掌握特别的知识。他们依赖政府行政管理机构和科学界提供的知识对核辐射风险及其影响进行定义。我国大众在无知和信任的基础上直接面对媒体对福岛核危机的报道。因此建立起来的核风险意识直接导致了从"信任"到"不信任"的瞬间转变。大众的"不信任"体现了一种在严重事故后对核风险的社会放大机制。这是由于大众认为自己总是被排除在决策和风险管理的体系之外，而进行风险管理的机构并没有确保安全的能力，因此会在一定程度上放大（自己并没有真正面对的）风险，并且使大众产生强烈的不信任感。在这种风险的社会放大机制下，社会的"不信任"发挥着积极作用：人们通过表达"不信任"提高社会对风险的感知度，从而促进政府和核工业部门在发展核电的过程中更注重风险管理。

三　"不担心"里包含的内容

在大鹏生活的当地人虽然普遍表示出对核电安全性的不信任，但是一部分生活在核电站周边的居民却说"不担心"核电站潜在的危险。有一部居民的"不担心"和"不怕"表达了一种"宿命论"的判断，并不体现他们对自身身份与核电风险的建构关系。例如经营民宿的孙小姐说：

> 怕什么，你走在哪里不危险？干什么都会有危险啦，对不对？

经营水上用品店的王老板也有类似的看法：

> 没什么好担心的，日本也是好几十年才爆炸一次。（反正）爆炸了谁都跑不掉。

另外一部分居民在说自己"不担心"时实际上已经对自身身份弱势作出了判断与建构。有3个受访者的话语中表示了自己不担心核电站有危险是因为更有钱和社会地位更高的人都不担心，自己更没什么好担心的。

例如，在当地从事保卫工作的小陈说：

> 有那么多领导、高层，年薪几十万的人都在里面，有什么好害怕的？领导也是天天在里面，年薪都是好几十万的呢。

老林是当地少数没有把自己家出租或自己经营民宿的居民之一。我到他家进行访谈时发现他家的房子比较小，只有两间房，可能也是他觉得没必要经营民宿的原因。老林年纪在 50 岁上下。当被问起做什么工作时，老林说自己就是帮别人做点事，没什么正式工作。这在当地非常普遍，一般即使不经营生意的本地人也很少"打工"。可能正如一些人所说，当地人比较懒，不愿意做事。反正集体经济发展得比较好，他们总有办法获得生活来源。老林说：

> 我觉得核电站没什么好担心的。因为有这么多有钱人都不担心，我有什么好担心的呢？

老林可能认为在当地他算是没钱的人。他看到很多房子比较大的本地人都开始经营民宿，于是觉得别人都不担心，还投资进行经营，像他这样没什么钱的人更加无须担心核电的风险。

当地最火的民宿"旋木"的老板娘珍姐有 3 家连锁民宿，她家住在深圳，但是她个人则长期在大鹏管理民宿。珍姐说：

> 要是担心这个（核电站）真是杞人忧天了，什么事情没有危险啊。人家里面那么多科学家和领导在工作呢，能有什么事啊。

这一种"不担心"与大埔县内的当地人在 2007～2008 年对核电项目表示"信任"时的情况有一定的相似性。他们判断的依据都是来自对于社会阶层和社会地位的判断。有钱的人被当地人认为处于更高的社会阶层。当地人依据自己的生活经验判断处于社会上层的有钱人应该更担心自己的人身安全和健康，所以可以把他们的行为判断作为自己的判断的依据。

还有受访者说的"不担心"表现了一种"无法改变现状"的无奈。例如：

> 我觉得是一个定时炸弹在身边。但是没什么好担心的，担心又能怎样呢？
>
> 没什么好担心的，我家就在这边，要跑也跑不了。

这种无奈的接受并不应该被简单地看作不担心核电的风险，而是他们缺乏改变现状的能力。

从上述情况来看，住在核电站周边的当地人虽然对核风险有所认知，也对核电站的安全性表达了"不信任"，但出于对自身身份的判断和无法改变现状的无奈心理，并不一定会表现出对于核电项目的担忧和想积极改变现状的态度。这也解释了为什么真正生活在核电站周边直接面临核电风险的当地人并不是各种反核运动和行动的主要组织与参与者。

四　对于利益分配的不满

大亚湾周边的居民对于核电站是否为当地带来就业机会和经济利益的问题存在不一致的看法。认为核电站并没有为当地带来就业机会和经济利益的这部分民众明显对于核工业企业和政府的这一做法表示不满。在经济上没有获得期望得到的利益在很大程度上造成了居民对核电项目不欢迎、对政府和核工业企业不信任的态度。这一研究发现表明了我国在核电建设上与欧美国家的不同之处。核工业企业在发展核电项目的过程中被要求为核电站周边的居民提供就业岗位及经济补贴。因此形成一种现象，即核电站周边的居民由于经济上对于核电站的依赖而产生矛盾和无奈的态度。虽然有一部分学者认为通过经济利益上的判断来说明居民对风险的看法是一种常识性判断，不具备科学性，但是大量的田野调查数据显示，经济利益对居民对风险的认知和建构有相当巨大的影响。第四章已经讨论过大埔县的受访者在意识上对于风险与利益的置换是影响他们对核风险看法的最主要因素之一。居民认为，如果必须要面对核电站带来的风险，那么他们应该获得一定的利益或补偿。利益或补偿虽然不能降低核电站的风险，但至少可以让居民不对建设核电站持反对的态度。而从大亚湾的实际情况来看，虽然有一部分受访者对核电站表示出无奈地接受的态度，但是这种无奈更多地体现在自身对于核电项目没有发言权和自身没有能力离开当地。政府在核电项目中的地位是引发这种无奈的主要来源，而并不是当地人对于核电经济利益的依赖。大亚湾核电站是由政府牵头建设的。居民表示建核电站从来没有问过他们的意见，政府更关心经济利益而不是老百姓的意愿。而他们对于政府和核工业企业给予的经济补偿都采取隐瞒的态度。27 个受访者中超过半数的受访者认为核电站没有给他们带来什么经济利益。我与其中几个受访者的对话如下：

　　我：我知道核电站每年会给每个户籍人口 6000 元的生态补偿费，您觉得这个不算核电站给您带来的经济利益吗？

民宿经营者冯老板的回答是：

这 6000 元说了十几年了，从核电站运行就应该发给我们的，都过了这么久了，从前两年才开始发，我们才拿了一两年而已，才这么点钱，有什么用啊？

在海鲜店工作的银姐的回答是：

这个钱不是核电站给我们的，是当年建核电站征了我们的地，对我们的生态造成了破坏，所以政府才给我们每年 6000 元的补偿。而且也不是一直都有，才发了一两年而已。

由此可见，虽然居民在这一两年中已经获得了每年每个户籍人口 6000 元的生态补偿费，但是他们仍然认为核电站没有给自己带来什么经济利益。作为鹏城社区的户籍人口每年可以获得至少 10000 元的经济收入（4000 元的集体经济分红和 6000 元的生态补偿费）。除此之外，依据每个行政村不同的经济收益情况，还有另外的分红。我访谈的当地人中一部分经营民宿生意，或在路边开小型商店卖日用品，经济情况较差的则做些散工，或从事保安环卫工作。总体来说，居民的经济情况良好，并且享受医保、社保等待遇。参保的费用由集体统一支付。受访者认为核电站给他们带来的经济利益有限，或者只占自身收入非常小的一部分，对此表示不满。受访者认为政府和核工业企业获取了核电站收入的绝大部分，而并没有为当地居民作出足够的贡献。另外，核电站也并没有拉动当地的消费。其中一个从事环卫工作的受访者阿华说：

这个核电站在这里对我们一点好处也没有，他们连做清洁都是请外地人，都不要我们本地人，都是外面的公司来搞外包的。

受访者在认为利益分配不合理的情况下对核工业企业和政府产生了一定的不满情绪及不信任态度，认为政府更关心 GDP 而不是老百姓的意愿。

五 "不信任"的波及与"污名化"

从瓦尔纳波斯与皮金在英国所做的类似的调查来看，在 2007～2008 年完成的调查显示，生活在核电站周边的居民更多地认为核电站是安全的，并且把它当作生活的一部分，以及重要的经济来源和就业基础。而生活在大亚湾周边的居民明显表现出对核电站的恐惧，以及对于核电风险的担忧。本书的田野调查开展于 2012 年 7 月。参与调查的受访者均从各种不同的渠道获得过福岛核事故的信息，由此可见灾难性事件对于居民对核电站风险认知的形塑有着极其重要的作用。另外，中国媒体很少报道与中国核电风险有关的信息。我国大众一直以来所处的是一个核风险相对被弱化的社会环境。当福岛核事故发生后，居民瞬间面对灾难性事件后铺天盖地的报道，因此产生了非理性的恐慌心理。这一点从我国居民在福岛核事故后听信谣言产生的"抢盐风波"就可见一斑。由于福岛核电站在发生地震和海啸时发生爆炸，在核电站周边生活的居民也会担心地震造成核电站爆炸，并且有部分受访者认为核电站是定时炸弹，很恐怖。这体现了居民主观意识上的恐惧。虽然从客观上来说，大亚湾核电站并不会因为福岛核电站的爆炸而变得更加不安全，但是核电站的风险已经在社会传播的过程中被建构和放大。这一点验证了斯洛维奇的研究发现：不幸的事件就像石头投入池塘中，水波向外扩散。日本发生的核电站爆炸所造成的影响波及中国民众对核工业的看法。风险的社会扩大框架在我国的核事务中已经形成。在本次调查中，仅有 3 个受访者赞成在本地再建新的核电站，其中有 1 人本身在核电站内从事管线工的工作。其余受访者均表示不愿意在本地再建核电站，有 5 位受访者甚至说"在别的地方建也不好"。这与皮金在英国获得的研究结果也有较大的出入。在英国的核电站周边的受访者中至少有 35% 赞成再建新的核电站，并且普遍认为宁愿生活在核电站周边也不生活在化工厂周边。虽然现在并没有政府或研究机构就核电项目周边的居民对于核电项目的支持率做过调查统计，但从本次调研所获得的数据来看，绝大多数居民都不支持在本地兴建核电项目。在福岛核事故后，核工业的确会受到严重影响。我在第二章简单介绍过的发生在福岛核事故后的反核事件"望江事件"和"江门事件"就显示了居民对核电风险的担忧及对政府和核工业部门的不信任。

第七章
媒体与网络社会形成的核风险
建构联动机制

从欧美国家的经验来看，媒体一直以来在大众风险认知和建构中扮演着重要的角色。贝克在他的自反性现代化理论中指出：媒体对风险事件的塑造，使得中产阶级获得了参与风险争论的文化资本和技巧，因而促使亚政治形成（Beck，1992）。而杨国斌则指出中国传媒的尴尬地位：需要服务与服从于党、国家和市场三方面的需要（Yang，2005）。从建构主义的角度来看，风险信息交流是一个不断建构的过程，读者根据自己的知识储备来解读媒体对风险的报道，并用于日常的谈资和论述。从我国大众在福岛核危机前后对核风险的认知和建构的情况来看，传统媒体的报道的确引发了大众对核事务的关注。而以网络为代表的新媒体的发展为风险的认知和建构提供了必要的公共领域（Public Sphere）。大众在认知的基础上建构核风险需要一个言论自由的、独立于政治体制之外、不受官方干预的公共领域。网络社会以其公开性、透明性及匿名性成为大众表达对核电风险看法的绝佳渠道。同时，网络社会还在反核活动中起到了社会动员的作用。例如，在"银滩无核"网络反核运动和"江门事件"中网络平台都起到了相当重要的动员作用。以网络作为平台开展的反核活动引发媒体的宣传和报道，从媒体宣传中获得反核信息的更广泛的大众又回到网络平台上发表自己对于核风险的看法和对于反核活动的评论。在这样的基础上我国的媒体与网络平台开始逐步形成核风险建构的联动机制。

一　传统媒体对于核电事件的报道

核风险在"二战"时期开始受到西方社会的普遍关注。美国对日本的广岛和长崎使用原子弹所引发的一系列关于道德的争论超过了"二战"中其他所有争论的总和（Irwin et al.，2000）。随后，核电的发展过程中发生的多起重大事故，以及媒体对事故的广泛宣传塑造了大众的核风险意识。在公众领域内核能的发展一度与"环境不友好"、"不经济"和"不具可操作性"等关键词联系在一起。甚至有学者认为媒体的宣传使核电技术被"污名化"。

1. 中国媒体讨论核问题的角度及文化背景

我国的情况相对来说更为特殊。核（能）作为一个相对来说比较敏感的话题，一直没有在公共领域中被各种传媒广泛讨论。可以说，在中国境内，媒体不但没有放大核电风险，反而弱化了核电风险。Wen（1998）在文章中提到：

> 在中国与核能有关的事务极少被报道。因此中国的大众对核试验、核能对环境的影响、核废料的处理以及核事故的潜在危险缺乏认识。虽然有很多中国人听说过切尔诺贝利事故，但很少人认为这样的事故会在中国发生。这样看来，中国媒体并没有向大众披露核能的安全事务以及核设施的潜在问题。

2007 年 8 月，我就《韩江上游拟建核电站，汕头，潮州代表团提出询问——1000多万人饮水可能被污染?》这篇报道访谈《南方日报》的资深记者陈枫。当陈枫谈到媒体在报告核电这类敏感问题的自由度时,他用了"管得比较紧"来形容。当被问及如何把韩江内陆核的新闻报道出来时,陈枫的回答是:

在核电这个事情上,政府一般是不喜欢宣传和报道。一般出来的也是一些很官方很正面的介绍,或者是技术性的内容。例如,哪里要建电站啊、用什么堆型啊、发电量多少啊这样的报道。这个新闻可以报道出来主要是因为这个问题是在"两会"期间被提出来的,而且也不是主要在讲核电这个事件,我重点要推出的是重民意还是重科学这个议题。在"两会"期间,人大代表披露的社会问题是比较容易被报道出来的。"两会"是一个窗口,代表民意的地位提升和中国的社会进步,主要是靠"两会"期间地方人大代表与媒体的互动。我那天上午接到通知,说下午省人代会要开询问会,是汕头和潮州代表要询问有关在韩江上游建核电站的事情。我当时从一个记者的职业敏感中就觉得这是个大料①。"两会"期间询问会是比较少的,而且这次还是两个市的代表联合要求询问。只有重大的事情才会有询问会。询问会是地方人大代表依法对省人大代表的一种比较温和的提问方式。另外进一步的就是质询了,质询就相当于提意见,是比较严重的方式。当时我们广州市三个大报《广州日报》《南方日报》《羊城晚报》可以进去采访,其他小报都不行,在这方面对他们还是有限制的。我们整天跑的记者他们都认识的,就让进去了。对于

①　粤语方言,指有重大影响的事件。

这个核电站项目大家要怎么样表达声音呢？潮汕地区是不能去直接询问梅州的地方官员的，而且他们也不可能去跟省里说不让梅州搞这个项目，所以人大是一个窗口，以人民代表的声音，用官方和民间结合这种比较温和的态度说出这件事情。在"两会"期间，本来就是民意抬头的时机，在这期间有关民生民意的东西都比较容易被报道出来。

陈枫还重点强调了对于该新闻的报道角度的选择和主题的选取中的技巧：

> 为了迎合"两会"主题，我这篇报道的主题是"科学和民主的陀螺齐飞转"。报道的核心是看政府在科学技术发展的过程中有没有注重民意，是否听取来自人民代表的声音。

陈枫还表示核能的技术风险问题是一个敏感话题，他们记者在进行新闻报道的时候一般不会选择这样的主题。而在"两会"期间关于民生和民主的话题是主流。陈枫称由于事件涉及比较敏感的核风险问题，他在选择新闻角度的时候是做过相关考虑的。他认为将对于科学和民主的讨论作为切入点比选择核能的环境风险更符合我国的实际情况。可见，对国内核电项目存在的风险或事故进行报道并不是媒体会选择的角度。一直以来，我国传媒对国内的核电事件报道较为保守。新闻记者通常报道核电运营企业提供的相关新闻稿件或政府的核电发展政策，但并不对核电站运行情况进行采访或自行编辑新闻稿。因此，从我国传媒报道国内核电新闻的情况看，大众是很难从传统媒体（报纸、电视、广播）上看到或听到关于我国核电的负面新闻的。

2. 港媒对大亚湾有关事务的报道角度

与内地报纸在核电问题的报道中注意"角度"和"敏感性"相比，香港的报纸追求的却是新闻价值。2007 年 3 月我用邮件访谈的方式联系了香港《星岛日报》在报道核电问题方面的资深记者朱汉强。朱汉强指出，现在香港媒体报道与核电风险有关的信息少了，主要是因为新闻缺乏关注度，没有什么报道的价值了。"大亚湾也运行了这么多年，港人对这方面的新闻不太关注了，除非有什么大事故发生，否则我们这边的媒体也不怎么报道了。"香港媒体对核电站事务的报道目的在于"吸引眼球"，而把报道的重点放在风险问题上才能达到"吸引眼球"、体现新闻价值的目的。我收集到的 1995～1996 年港媒报道岭澳核电站建设相关问题的文章就是将风险问题作为标题和主要的切入角度。例如，《星岛日报》1996 年 7 月 7 日的相关文章题目为《大核岭核"埋身肉搏"——风险评估成疑，港人忧虑大增》。文章开篇第一段就直接指出两个核电站兴建的地理位置存在的安全隐患问题。

> 由于地质问题，原先在距离大亚湾核电站 5 公里地点兴建的岭澳核电站，已经"移位"至距离大亚湾核电站 1.2 公里之处兴建，与香港距离又近一步。
>
> 反核团体批评，项目评估欠准，以致两个电厂共 6 个发电机组相距过近，对 50 公里以外的香港构成更大安全威胁。

从港媒的报道所用的字眼可以看出，其报道的核心问题是"两个核电站距离过近，引发安全威胁"。在报道中风险和安全威胁被强化。这与内地在报道核电问题时用"环境"、"饮用水"

和"民主与科学"等概念弱化"风险"命题的做法截然相反。而
1995 年 11 月 21 日《香港联合报》报道的新闻则直接指出大亚湾
核电站所面临的环境风险。该报道题目为《台风肯特袭港暴露危
机，核电厂承认曾为避风停产》。报道的内容是说大亚湾核电站因
为飓风的袭击而曾经中断运行。文章同时分析了大亚湾核电站在
运行期间发生过的异常情况属于哪种事故等级。虽然文章的结论
是大亚湾核电站发生的停机情况都属于事故等级非常低而无须报
告的情况，但是单从题目和报道的角度来看，文章是希望引起读
者对自然灾害可能引发的核电危机的关注。但是中国内地现有的
报道并没有提到过类似的议题。正如温波说的那样，中国内地媒
体并没有打算向大众披露核能潜在的问题（Wen，1998）。

3. 福岛核事故后的媒体报道

中国传媒在福岛核事故后不遗余力地报道有关核事故的各方
面的新闻。一时间有关福岛核电站爆炸造成的严重放射性污染和
社会不安定的相关新闻铺天盖地。[①] 大众几乎都能通过电视或者
报纸获得有关福岛核事故的严重影响的信息。同时一些期刊也
开始讨论有关核安全问题和核能的发展方向。例如，《财经》杂
志就在 2011 年第 7 期发表大篇幅封面文章和系列文章。在这一
系列的文章中"风险""安全"等主题词开始出现。其中一篇社
论题为《核电还应发展　风险必须可控》。该文章这样结尾：

中国核电要在风险绝对可控的前提下续图发展，与此
同时，还要坚持鼓励舆论监督和公开透明的大方向。未来

①　2013 年 11 月 29 日百度新闻的网络搜索引擎显示，以"福岛事件"作为关键
词共搜到新闻 223000 条，以"韩江上游拟建核电站"作为关键词共搜到新
闻 2 条，以"银滩无核"作为关键词共搜到新闻 56 条，以"望江反核"作
为关键词共搜到新闻 10 条，以"江门反核"为关键词共搜到新闻 186 条。

没有一帆风顺，但若要继续发展核电，唯有控制风险，审慎前行。

与以往对"风险"避重就轻比较，这篇社论已经把"风险"作为讨论的关键词。而题为《中国核电余震》的封面文章则大胆地在开篇提出了这样的质疑：

> 突如其来的日本核危机，使得中国核电发展问题又回到原点——核电是否安全，该不该发展核电，既定的核电计划是否过于冒进？

福岛核事故后中国媒体对核问题的报道不再避开"风险"的主题，同时也对国内核电项目的安全性提出疑问。媒体也开始报道国内大众对核电项目的担忧及一些反核的声音。

4. 小结

在中国核电从起步到发展的数十年间国内媒体对核问题的报道都相当保守。中国媒体在核问题上并没有像西方媒体那样在报道的过程中放大核风险或使核电技术"污名化"。中国与核有关的报道大多停留在发布行业信息的阶段，并且尽量避免"风险"、"安全"以及"担忧"等关键词。但是中国媒体对日本福岛核事故的过程和危害进行了报道，并且在福岛核事故后开始在对我国核电项目的报道中更多地涉及与"风险"、"安全"和"担忧"有关的关键词。

二 网络社会里的核风险建构

从我国的实际情况来看，由于传统媒体对核风险的报道相对缺乏，因此网络社会成为一部分利益相关者获得知识的场所。杨国斌（2003）在他关于互联网和中国的公民社会之间关系的研究中指出："互联网促进了公民社会发展，它为市民提供了参与的可能性。"杨国斌认为互联网已经成为中国公民和公民组织交流知识、社会生活和政治想法的重要工具，并且，在中国网络社会将成为非专家知识形成的重要场所。休斯、基青格和默多克（2010）指出："互联网的日益普及，改变了专家知识、日常经验和个人讲述之间的平衡，使人们有更多机会参与围绕共同风险而展开的辩论。"这种网络辩论的形式使风险更多地成为集体合作建构的产品，而不是被有关机构定义后传播给大众的"成品"。互联网帮助风险在公开协商中被建构。因此可以说传统媒体使大众认知核风险，而网络社会则成为大众建构风险的平台。

1. 知识传播的公共空间

与大埔县当地人的沉默相比，人们在网络社区对核电项目的讨论更加活跃和热烈。我在大埔县 A、B、C 村所在的镇政府调研期间，就被工作人员建议到镇政府设立的网络论坛去收集相关信息。在镇政府设立的网络论坛上当时有大约 20 人对核电项目发表了意见。而在大埔当地比较知名的大埔论坛上我找到了更多讨论核电项目的帖子。大埔论坛是一个生活在大埔县的和原籍为大埔但生活在大埔以外的人们分享有关大埔的各种信息的网络社会。2007 年 7 月时大埔论坛共有会员 86986人。该论坛是由地方政府在 2003 年 6 月 13 日建立的。第三章介绍过大埔县的情况，其中的一点就是大埔人外出工作的情况很普遍。通过这个网络社会除了可以了解当地人对核电站的看法外，同时还可以了解到在外地的大埔人的看法，以及核风险的知识在网络社会的交流和建构。一些网民会在自己的网络

ID 中透露自己的身份，例如"东莞游子"就是一个很有代表
性的名字，这表明他是在东莞生活的大埔人。而在本地的年轻
人中大埔论坛也比较受欢迎，是当地年轻人经常发表意见的平
台。我经过几个受访者的推荐才开始观察大埔论坛这个网络社
会的。从 2006 年起在大埔论坛上就开始有关于核电项目的讨
论了。2006 年 9 月 7 日有个帖子题为《大埔成为建核电站的选
项请投你的意见》。参与这次网络投票的共有 193 人。其中，
96 人选择了第一个选项"建核电站对大埔人民有好处"，占
49.74%；88 人选择了第二个选项"对普通的大埔人民没有实
惠，且有潜在威胁"，占 45.6%；9 人选择了第三个选项"无
所谓"，占 4.66%。除了投票外，网民在论坛上分享与核电站
有关的知识。

> wucaocao：什么是核电站？

> 守望：核电站，搞不好整个梅州都炸了啊～记得我们
> 物理学过，是..不知道什么地方的核电站爆炸，好像是
> 2..3..十年前的事了～到现在还是一座空城，一座废墟
> 啊～

> Finalfantasy：知道核武器原子弹吧。原子弹爆炸产生
> 巨大的能量可以摧毁一切生物建筑物。当然原子弹本身的
> 体积重量也是它爆发能量的关键。核电站应该是利用小核
> 爆产生能量进行发电的吧。没有研究过。

> Jickp：今年是 20 年的纪念呀！是俄罗斯的核电站爆
> 炸。当时大亚湾正在建呢。现在还不是运行得好好的。

> Jickp：核电站是利用原子核内部蕴藏的能量大规模生
> 产电力的新型发电站，它大体上可分为两部分：一部分是
> 利用核能产生蒸汽的核岛，包括核反应堆和一回路系统；

另一部分是利用蒸汽发电的常规岛，包括汽轮发电机系统。后一部分与普通火电厂大同小异，而前一部分则截然不同。核电站使用的燃料称为"核燃料"。核燃料含有易裂变物质铀-235。一座100万千瓦的核电站每年只需要补充30吨左右的核燃料，而同样规模的烧煤电厂每年要烧煤300万吨。目前国际上技术最为成熟的核岛设计多采用压水式反应堆。大亚湾核电站和岭澳核电站都是压水堆机组。

除了分享与核电站相关的知识以外，网民们还分享自己对核电项目是否对大埔有好处的不同意见。

Finalfantasy：我看不出对大埔人民带来了哪些具体好处。请大家说一下有什么具体好处。

以后用电会便宜一点？未必！！！电力充足可以引企业来投资？人家未必敢来。可能会到隔壁县去，因为这边拉电过去也很方便。增加就业机会？我看增加不了多少人。这是高科技的，不是劳动密集型的。总之，建了以后，就会有影响。不是每个人都会那么乐观，来大埔发展，养老都不是好地方。

矿泉水：大埔能从中得到什么好处？其利其弊应当慎思。

江城子：如果说对大埔人民有好处，那是蒙老百姓的瞎话：

1. 前苏联的核电技术怎么样？二三十座的核电泄漏！难道现在中国的核电技术发展比苏联强吗？连个MP3的芯片都造假，还什么长江学者！就是卖你最先进的技术，你也得要人家手把手地教还不一定会！广州的地铁造价全球最高，地铁买西门子的，怎么开还得德国人带着一段时间，这是事实！

2. 啥时候这样一个增加税利的好项目轮到山沟里的小县城了？核电的建成和投产以及输送电力的成本比建哪都高，怎么不把这项目放在珠三角去？怎么没人跟我们争这个断子绝孙的项目？因为什么啊？俺们这里人少啊，山多，万一事情发生，死的人少，扩散的影响也小！

3. 如果不让他们选择这里，俺们不是很自私吗？大埔才多少人口？不算出门的三四十万，受罪的难道要动辄三四百万人口密集的城市？从中国的大局出发，俺们得拿出我不入地狱谁入地狱的精神来！

4. 增加的税利你们觉得能真正改变大埔的经济？一声吆喝给你们涨工资？部门利益能彻底改变现状？但有一条我相信，能让一部分人先富起来。

Gdqlb：要有全局观念。不要把核电想得那么可怕，要看到未来，要相信中国人的能力。如果大埔建核电对大埔的税收、对大埔的经济建设会产生巨大的影响。

408373138：我大力支持在大埔建设核电站！！！！这是大埔发展的好机会。

网络社会的网民除了更活跃地讨论与核电站有关的信息和看法之外，他们同样也意识到自己在核电事务中缺乏参与的权力的现状。

2006年11月27日的帖子题为《大埔建核站与我们无关，是否还有必要再争论下去？》，这个帖子主要讨论的就是与权力有关的话题。

肖秀娜：大埔建核站与我们无关，是否还有必要再争论下去？首先在这个问题上我们根本就没有发言权，因为政府并不需要征得我们的同意，同不同意在大埔建核站只是取决于那些专家们，万一专家们勘察后认定大埔适合建核站，那么我们也只有接受，何必还要在这里浪费口水呢？

韩风：有道理!!! 要真建了核电站只有：怕的赶快逃，不怕的继续留！

小开：争论也有用。和大家互相交流一下，启蒙一下啥叫经济发展，啥叫核，啥叫核电，免得傻乎乎的，说不定把放射源当宝贝捡回家藏起来。早年梅州发生过一例的。

1111：应该说，建不建核电站，我们无法干预，但是，探讨一下，可以清楚一些真相。说实话，真建了的话，有条件很多人会移居！

水西：简直是放屁，敢说在大埔建核电与大埔人无关??? 息息相关!!!!!

肖秀娜：是会影响我们的生活，但在建与不建的问题上与我们有关吗？我们有发言权吗？

Donyhe：该建的始终会建，有专家去论证，不必我们这些平民百姓担心。

Mzliaohuei：18楼所言非对，以现在中国所有的技术，还差一点点，核电对大埔居民非福，就像是水电站一样，不知有多少人受了福，但我知道水越来越差了，三河的矿场，又给大家多少好处呢，补了一点田钱，可是我们的子孙呢？这此项目中利民的有多少呢？我不赞成，为什么说我们说没用呢，这是不对的，我们有权利也有义务告诉政府我们不愿意，至于效果就看有多少人行动，因为这是民意，政府一定会考虑，如果真建，我会考虑离开大埔，移居他处。电力需求很大，为什么不在北京、上海、广州建呢？还省得线路损耗，我觉得这不是大埔之福。

在网络社会中网民也认为核电项目建设与否是由"政府"和"专家"决定的。老百姓无论是同意还是反对，最多只是政府参考的意见，而并不会对项目起到决定性的作用。

同样，传播与核电有关的知识是"银滩无核"网络论坛的一个重要功能。网民把自己了解到的与我国核电以及世界核电发展有关的信息都写成帖子供其他网友点击及发表意见。例如，网民"Wolfman"在2007年2月3日就写了题为《中国核电广角镜》的10多个帖子，逐一介绍国内已有核电项目和计划参与核电项目开发的省份的实际核电发展情况。网民还会把自己在报纸、杂志、新闻及官方网站上收集到的与核能有关的信息在论坛上分享。类似《国防科工委组织专家对高温气冷堆核电站技术方案进行深化论证》《对核电站最新报道的初步分析》《最新爆料：日本核电站出事了！》《对"核热电厂辐射防护规定被废止"的解释》这类以分享知识和信息为目的的帖子在论坛刚刚成立的2007年1月至3月间每日都有2~3条。网民们甚至非常欢迎具有专业知识和信息的帖子。例如，2007年4月3日"海鹰"发了题为《核设施厂址评价安全规定（征求意见稿）》的帖子，把安全规定的细节全部列出。该帖子有9个网民的回复。网民表示该帖子是很好的资料，值得仔细研究。可见对"银滩无核"事务予以关注的利益相关者首先在网络社会上进行资料的分享和一定的核电知识科普，并且愿意通过网络作为媒介多了解和学习与核能及其风险相关的知识。

2. 社会动员的公共领域

网络社会的另一个重要功能则是在反核运动中起到社会动

员的作用。"银滩无核"网络反核运动的主要发起者"津鸣"在其发表的长篇博文《银滩红石顶核危机》中是这样描述自己如何加入网络反核运动的：

> 听说最早第一个在山房网发帖反对红石顶核电的是一位叫李德的网友，可惜我没有看到那篇具有历史意义的文章。当时，小石口对于大家还很陌生，青岛发表了《感悟银滩》，详细介绍了小石口的地理地貌以及与现场核电勘探人员的交谈情况，是银滩网友第一篇实地考察采访小石口的精彩文章。Spj 是在淄博工作的海阳所当地人，他的许多文章饱含着对家乡的热爱和深情，如《石化职工的心声》《银滩的变迁——写给我的父母官》，读之无不令人动容。大家的呼声每天都在感染着我，激励着我，使我也渐渐点燃了加入队伍的战斗欲望。我想，自己也是一名银滩业主，在涉及银滩未来的重大问题上不能袖手旁观，我也要学会打字发帖起来抗争。于是，取"不平则鸣"之意，起名"津鸣"，开始投身其中。

网络社会上的网民是在利益相关的背景下，被互相激励和动员，然后选择以网络作为运动的平台开展反核运动的。从津鸣的话来看，他当时并不熟悉操作电脑，也没有参加网络社会活动的经验。但是网络是他们抗争的平台，因此，出于抗争的目的，他开始学习并且参与到网络社会中。

在"银滩无核"网络论坛上网民也非常积极地报告各自通过不同手段进行维权抗争的进程和结果。例如 2007 年 3 月 1 日，津鸣发帖称：

　　昨天下雨，今天上午我刚刚发出了六封情况反映信，
分别寄往：国家信访局、国家环保总局、国家发改委能源
局、国家核安全中心、光明日报社总编室和科技日报社总
编室。

　　愿与大家一起努力！

"凤梨老公"在 2007 年 3 月 29 日发帖称：

　　山东省威海市，一个美丽的海滨城市，被联合国评为
"最适合人类居住的地方"。那里有一片犹如世外桃源般
的世界级的海滩：乳山银滩。由于银滩的美丽，那里被评
为国家 4A 级旅游度假区。近年来，那里已经发展为几十
万人口的新兴城市，居住着大量为共和国石油事业贡献一
生的退休/下岗老人和来自全国各地的业主。

　　然而，当地政府与中核集团视有关国家法律于不顾，
为了 GDP，试图欺上瞒下地在那里违规上马核电项目，并
于 3 月 27 日，委托《光明日报》，以亲身去过银滩的语气
发表了片面的报道：《透明的红石顶核电站》（http：//
www. gmw. cn/01gmrb/2007 - 03/27/content_ 578503. htm）。
在报道中，有意对群众的强烈不满避而不谈，片面宣传，
并斗胆篡改有关国家规定，造成该核电项目选址合法的假
象，企图不顾当地几十万居民的安危，违规上马核电
项目。

　　群众看到这些不实的片面报道非常愤慨，在《光明日
报》留言板和"银滩家园"网站进行了愤怒的声讨。

　　我们难以相信，作为喉舌媒体、国家八大日报之一的
《光明日报》，没有亲自前往事发地点采访倾听真正的老

百姓的呼声，就为利益集团做如此片面宣传！

我们大声呼吁：有关方面立即停止不恰当的片面新闻报道，停止愚弄老百姓的行径，一切按照法规办事。否则，我们将采取一切合法的手段抗争到底！重庆最牛钉子户就是我们的榜样！！

有关详情，请访问银滩家园网站
http：//www. txdyt. com/bbs/Index. asp

谢谢大家的关注！

网民们通过网络上积极呼吁、信访等方式联系有关部门，并通过线上召集线下组织了两次"银滩无核"反核动员活动。网络社会成为他们进行动员、分享维权信息、组织维权活动的重要公共空间领域。

在福岛核事故后，由于更广泛的大众开始认识到核能的风险，网络社会就不仅仅是利益相关者的维权基地，开始成为塑造大众风险意识的平台。例如，从反对江门建设核设施的活动来看，提出质疑的网友已不仅限于利益相关者，而更多的是对核设施带来的环境健康风险表示担忧的更广泛的大众。在这个时候网络成为风险建构和反核运动社会动员的公共空间。

三 讨论

随着国家对于环境保护的进一步重视，和对环境友好型社会建设的迫切需求，媒体在环境保护问题方面的报道获得了更大的自由度和空间。特别是涉及民生的环境问题上，媒体近年的报道有所增加，并且也形成了有效的媒体监督机制。但是中国媒体一直以来在对国内核电有关事务的报道中受到各种限制。传统媒体作为党和国家宣传的喉舌不倾向于报道与核能有关的负面新闻。因此在中国社会，核能的风险长期以来被媒体所弱化。这与欧美发达国家的模式有很大的区别。欧美国家，媒体在核能风险的社会放大过程中起到了关键作用。从《南方日报》对大埔拟建内陆核电站引发争议的报道来看，记者需要选取"环保""民生""科学""民主"等关键词作为主题报道与核电有关的争议。事实证明，福岛核事故后我国媒体在核能问题的报道上不再对风险问题讳莫如深。大众对现代科学技术造成的环境风险的担忧和重视很少建立在科学证据或危险事故发生可能性的基础上，而是由信息传递的过程中谁的声音占了主导地位决定的。只有关于环境风险的文化意识产生后，核能的风险才会被强调和重视。中国大众的环境意识与媒体对环境风险相关事件的报道相辅相成、互相促进。而媒体对福岛核事故的广泛宣传塑造了我国大众的核风险意识。在这样的文化背景下媒体在核事件的报道中开始不避开"风险""安全问题"等关键词。这样的方式又促进了大众对核风险的认知和建构。因此可以说媒体塑造了大众的核风险意识，而大众对风险的建构为媒体宣传核风险提供了文化基础。

　　网络社会为大众提供了交流和讨论核风险与认识核能的公共领域。在网络社会的平台中，人们在非实名制的背景下更加愿意谈论与核风险有关的话题。人们通过交流和辩论的形式建构核风险，这种建构风险知识的方式区别于从媒体传播中获取知识的方式。这是一个更加主动和草根的行动。在网络社会的背景下，大众更加倾向于通过自己的日常生活经验以磋商的形式建构核风险。而起初由利益相关者建立的讨论核风险议题的网络社会其最主要的目的在于动员更广泛的利益相关者加入并开展反核运动。当网民的线下活动形成规模并被主流媒体报道后，更广泛大众的核风险意识逐渐被唤醒。在大众日益关注环境健康风险的社会背景下，传统媒体与网络媒体共同作用而形成的联动机制将进一步推动我国大众对核能风险的认知与建构。

第八章
总结及政策建议

　　总结往往是最令人兴奋的时刻，也是最难的时刻。西方已有的关于现代化、风险和科学技术与社会之间的关系的研究和理论框架给了我很多思想上的启发，同时也让我面临着理论与现实之间之差距的折磨与反思。20世纪七八十年代是科学技术与现代化发展的社会问题在西方社会集中突出爆发的时代。在这样的背景下，大量的关于科学技术与自然环境和社会的研究应运而生，并成为当代社会研究的重要组成部分。科学技术及其风险真的会成为统治社会的力量吗？大量的研究者已此为出发点开始研究。就像当年马克思把阶级分化作为讨论资本主义社会的矛盾的核心一样，贝克提出把风险作为讨论现代化之后社会矛盾的核心。我受到这样有革命性精神的理论的启发，却在深入的研究和现实的案例中看到了被贝克认为是风险社会理论之魂的"科学知识"背后复杂的权力与阶级关系卷入。我们确实在传统的基础上越走越远，但我们无法割裂与传统之间千丝万缕的联系。科学是现代社会发展的最重要的工具和手段，但它没有让现代社会走进一个更民主、更公平、更具有反思性的新纪元。

　　中国社会正面临着一日千里的发展。在工业发展、能源需求、环境保护、节能减排、气候变化这一系列的矛盾之下，核电在攻克了技术难关后，确实展现了其高效能、低碳排放、长期经济效益佳等优越特征。2013 年 9 月 16 日在维也纳召开的国际原子能机构大会上中国代表团团长、中国原子能机构主任马新瑞发言指出："中国政府支持核能发展政策的信心从未动摇。"既然国家在未来的发展中需要依靠核能发电，那么就必须避免在核能项目上与 PX 项目类似的"逢上必反"的尴尬局面。因此本书在最后部分除了做理论层面上的反思和总结外，还会在政策制定方面给出一定的政策建议以破解核电发展的困局。

一　理论和概念层面上的反思及回应

1. 对于贝克和吉登斯关于现代风险理论的反思

贝克和吉登斯同时在现代社会的背景下提出高科技风险的特殊性。但是从韩江上游拟建内陆核电站案例的一系列实际情况来看，即使作为现代风险代表的核风险依然体现了很强的社会建构性。大众对核电的担忧并不完全是因为核风险是一种现代化体制下产生的新型风险，也不是因为其技术和安全方面的客观不确定性。大众对核电风险的担忧是在他们所处的不同社会背景下通过认知的形成而建构起来的。当然，贝克和吉登斯的理论也强调了核电的社会建构性。在贝克和吉登斯的理论中核风险的社会建构性体现在掌握科学知识的人会在不断获得新知识并且推翻旧知识的过程中建构核风险。但是他们把"科学知识"作为风险建构的核心的看法存在问题。温、拉什等一批学者通过大量的实证研究开始探讨"大众如何理解科学"的问题，也就是"科学知识"自身的社会建构性。因此，他们认为贝克和吉登斯把本身就需要在一定社会脉络下建构起来的"科学知识"看作大众建构核风险的核心依据的理论缺乏说服力。

从我对韩江上游拟建内陆核电站案例的研究发现来看，居民并没有因为获得了新的"科学知识"而形成自我反思，因此而担心核电项目的风险。居民们在谈到核电站的时候，更多地表现出与科学技术的距离、对科学技术的崇拜，以及对科学技术的依赖。福岛核事故的发生的确让居民产生了对核风险的认知以及对现有技术的怀疑，却并没有明显赋予居民可以用来建构核风险的新知识。那么，贝克所形容的新知识取代旧知识，风险成为社会矛盾核心的风险社会理论与自反性现代化理论，以及吉登斯形容的因为获得新知识而对技术专家有选择地投放信任的现代化理论确实不能很好地解释现在的中国在核电发展中面临的大众参与问题。现代社会风险并不像贝克形容的那样骇人。现代社会风险与人类社会发展的过程中所面临的各种自然灾害和战争并没有本质的区别。但是人们确实更加担忧和害怕高科技产品的未知风险。这种担忧并不能简单理解为大众掌握了更多的科学文化知识，或者如一些执政者认为的那样是由于缺乏相应的科学文化知识。这种担忧来自普通大众自身的生活经验和对身处的社会环境的感知，来自大众对相关机构以及专家系统的依赖。普通的大众缺乏参与风险定义的权力，他们只能选择相信相关机构和技术专家以及工业企业去运行和处理具有风险性的科技产品。然而在灾难性事件（故）发生后信任危机产生，相关机构、技术专家及工业企业再难以获得大众的信任，这才是现代风险引发大众广泛担忧的深层次原因。

2. "非专家知识"与理性判断

温是英国学界积极支持"非专家知识"研究的代表。从大众理解科学的视角出发，温反对以科学技术作为框架去看大众的争论。长久以来大众一直面对持不同意见的"核电专家"关于核电风险的争论。专家意见在这种互相推翻的过程中被践踏，而大众的意见却无法被纳入以科学技术专家的专业意见为依据的决策过程中。温的研究为解释高科技发展过程中大众对专家和政府信任危机的产生提供了重要依据。但是我认为，温认为应该把大众所掌握的"非专家知识"与"专家知识"放在同等重要位置的看法存在问题。我对核电问题的调查发现，当地人（居民或村民）在判断核电设施的风险时并不是情绪化的和非理性的，但他们并不一定是依靠"非专家知识"作出判断。他们在更多的情况下是依据一种直觉的判断以及关于利益风险置换的理性判断。因此在核电的参与上我们会发现这样的现状，"专家知识"产生谬误和令人不信任的同时，"非专家知识"同样缺失（当然不排除缺乏表达渠道的情况）。而最终反核事件更表现为理性的利益计算下的维权活动。我认为，这样的现象主要受两个因素影响。第一，现在我国被报道出来的关于核电项目的质疑都表现在还在建设中或还未建设的项目上，因此争议集中在是否应该建设核电站这一议题上。所以表达意见的是利益相关者，他们表达的是利益诉求。因为并没有在运的核电项目周边的居民参与任何形式的反核活动，因此并没有呈现关于核电风险的"非专家知识"。第二，中国现在处于现代化发展的黄金时代，大众对科学、技术、现代化及发展的态度仍然十分积极。大众把眼光集中在现代化发展带来的好处上，希望在发展的大潮中获得相应的利益。因此在这样的背景下，针对核电这种大型项目，居民最为关心的是项目是否会给自己带来经济利益。

3. 民主与现代化外衣下的权力关系

西方国家在核电发展的问题上看似更为尊重民意和更为民主。从制度的角度上看，欧美国家在决策过程中确实设立了更为民主的制度。例如，前文介绍过的英国在核电项目的决策过程中会进行公开咨询，让对核电项目持支持或反对态度的个人或机构有机会向部长们提交支持自己观点的证据。但是现有的理论和案例都指向看似民主的决策过程背后权力的角逐。虽然普通大众被赋予了参与核电发展决策过程的权力，但是在真正的参与过程中，专家话语和风险评估才是能进入意见采纳程序的有效表达方式。普通大众由于遭遇各种机构壁垒很难真正参与到决策过程中。雷恩甚至把风险建构比喻成"竞技场"（Renn，1992）。而在中国现阶段，大众所呼吁的是一个更为民主和透明的参与平台和更为通畅的意见表达渠道。可以说，我国在未来核电发展的进程中必须更为注重民意，而且应该在吸取西方社会在处理核事务时的经验教训，避免各种机构实际上用权力控制民意，最后反而形成信任危机这种难以挽回的困局。

二　我国大众对核事务的参与及诉求：
几个维度的思考

上文提到我国迫切需要建立更为民主和透明的参与平台和畅通的意见表达渠道。但是在此之前，我国的利益相关者只能通过自己所掌握的社会网络，运用自己作为人大代表、业主、地方政府官员、维护地方利益的大众的身份的体制内与体制外权力参与到核事务中来。

1. 体制内参与

从韩江上游拟建内陆核电站案例和望江案例的参与情况来看，体制内参与是预计自己会受到核电项目所带来的风险的影响的临近选址地城市的地方政治精英利用体制内赋予的权力把自己对项目的担忧、不满及反对意见提交给上级政府机关。地方政治精英在陈述自己的意见时用的也是官方及科学话语。通过体制内参与，地方政治精英集团代表地方的利益，运用更能使自己的意见获得重视和得到反馈的方式提出质疑。例如，韩江上游拟建内陆核电站案例中的地方人大代表在广东省人民代表大会期间提出询问，这样可以迅速得到省领导的重视和有关部门的反馈。而望江案例中，虽然收集资料和写"陈情书"的是4位退休老干部，但真正发出公文的是望江县人民政府。与韩江上游拟建内陆核电站案例相比，望江县的《报告》显然更多地指出了已有的关于核电项目的各项调查指标存在的问题和错误。体制内参与表现了在利益与风险分配不均的情况下，地方政治精英集团成为一股敢为地方利益争取发言权和影响核电项目决策的新力量。

2. 体制外参与

从2006年至2008年的"银滩无核"网络反核运动到2013年发生的"江门事件"来看，我国大众的反核活动开始渐渐从利益相关者的维权运动发展为居民的反核环保活动。与1986年发生在香港的"反大"行动相比，我国的体制外核事务参与活动缺乏非政府组织的参与。"银滩无核"网络反核运动的发起者和主要参与者是利益相关的维权骨干，而参与"江门事件"的是在网上获得消息的普通居民，以及这些居民临时组成的团体。例如，活动中有横幅写着"江门作家反核"。与香港"反大"行动由民间环境保护组织发起、媒体参与的模式相比，国内的反核活动借助网络来进行动员和组织，媒体虽然也参与报道，但并不是主要力量。国内发生的体制外参与更加偏向于群体性运动，缺乏组织性与持续性。参与者希望获得的结果只是停建有损自己利益的核电项目。目的达到后参与活动的群体就会解散。

3. 当地人的缺失与沉默

在核电项目的开发过程中提出反对意见的不是真正生活在核电项目选址地周边的居民。他们选择沉默的原因中掺杂了复杂的社会文化背景与利益上的理性判断。核电站的选址地一般位于经济较不发达、人口密度较小、没有大型工业和军用设施、有冷却水源的地点。在改革开放几十年的过程中，中国农村居民对于各类开发项目导致的搬迁、征地及赔偿似乎已经习以为常。他们知道不可能因为保护自己的家园而和国家的发展项目抗衡。对于他们来说，如果因为大型项目搬迁或被征收土地，争取赔偿是他们唯一可以努力为自己谋得的福利。而对于生活在大型项目周边的居民来说，例如大亚湾附近的居民，又会因为长期生活在核电站周边已经习惯了核电站的存在而缺乏参与或反对的动力。但当地人的沉默并不代表他们信任核电项目的运营商和政府机构。他们的沉默更多时候表现了无奈接受的态度。

4. 在"公"与"私"之间的地方官员团体

在韩江上游拟建内陆核电站案例中提出质疑和要求参与的是地方人大代表。在望江案例中提出质疑的是老干部和地方政府官员。两个案例的参与者都是地方政治精英。他们的身份与欧美类似研究中经常提到的"local community"既有一定的相似性，又有本质的区别。地方政治精英集团在事件中组成的是一个临时的为"私"的利益共同体，以"己"为中心，由利益和关系网相互联合。虽然他们对核电项目提出质疑是出于"私"的考虑，但他们提出质疑时所利用的却是自己为"公"而获得的社会网络、社会地位和权力。龚文娟（2013）在其关于环境议题的呈现机制的研究中指出："政府官员是公共权力的代表者和执行者，但作为个体，他们又是以自我利益为导向的理性行动者。""环境议题的形成最终取决于掌握法制化权力的政府，而处于权力中心的政府官员对环境状况的认知对于环境议题的呈现来说极为关键。"中国的地方官员团体在环境保护非政府组织缺乏或活动能力有限的中小城市，成为监督临近城市核电项目，维护本地居民利益的"local community"。

三 我国核电面临的契机与困局

我国一直以来的政策都是希望积极发展核电，即使在日本"3·11"核事故之后，我国政府也没有放弃核电发展。党的十八大政府工作报告的第八部分提出大力推进生态文明建设，其中的一个工作重点就是"推动能源生产和消费革命，支持节能低碳产业和新能源、可再生能源发展，确保国家能源安全"。核电作为一种成熟的高能效低碳能源，比起其他在技术探索期和起步阶段的新能源更能起到确保国家能源安全的作用。日益严峻的全球气候变化问题迫切需要解决，而核能几乎不产生二氧化碳气体排放，因此也是解决气候变化问题的有效能源构成。由于我国核电发展起步较晚，核电站数量较少，大众实际上缺乏对核电的基本认识。现阶段大众并没有明确地把"科学""专家知识"作为不信任的对象。虽然其他国家在核能利用的过程中发生了几次严重的事故，但是我国的核电站到目前为止运行状况良好。我国大众对核电的风险只是存在一些担忧，对政府和核工业并没有如一些发达国家的大众那样完全失去信心。但是从福岛核事故后发生的"望江事件"和"江门事件"来看，社会信任已经受到了一定程度的威胁。居民不信任的对象逐渐明晰。从案例中看出，我国普通民众和地方团体（地方政府在这个研究中被视为地方团体）更多表现的是对国家和政府的依赖，甚至可以说他们"信任"的对象主要是政府。他们的"信任"和"不信任"更多地带有一种希望引起政府重视的积极态度，而并不仅仅是一种对于"风险"和"知识"的认知判断（Cognitive Judgement）。在公共领域，人大代表采取的是诉诸政府的方式，希望通过表达自己的"不信任"情绪引起有关部门的重视，从而有效地降低风险。可以说，我国核电目前发展的阻力主要来自一些精英阶层的利益相关者。因此概括来说，我国核电发展的契机是：

第一，能源供给和能源安全的需要；

第二，环境保护和气候问题的需要；

第三，大众的反核意识尚未形成。

虽然如此，但核电发展的困局也不容忽视。我国核电发展的困难主要表现在：

第一，技术路线不清，在技术问题上始终存在争论和隐患；

第二，传媒和舆论对大众核风险意识的塑造；

第三，精英阶层的利益相关者在体制内、外对核电事务的参与。

四 政策建议

对于高科技产品所带来的环境风险的管理和治理，不同的理论进路给出了不同的建议。从风险社会理论出发，贝克和吉登斯虽然极力指出科学的至高无上地位在后现代社会受到挑战，但是贝克和吉登斯仍然把解决风险问题的重任交给科学技术的发展。因此从风险社会理论来看，解决核风险需要依赖更新的技术以及科学知识的自反性。而从温等人注重风险的社会建构的视角来看，注重"非专家知识"，重视大众如何理解科学，以及机构壁垒对大众认知风险的影响是缓解信任危机的方法。而从风险的社会放大的概念框架来看，研究者强调向大众传播正确的科学知识才能防止大众受到直觉的影响而盲目反对核电项目。在结合以上理论和研究以及过去8年中对核风险认知和参与的研究后，提出以下政策建议。

第一，对核电项目的开发应采取公开透明的方式。

从当地居民的态度来看，我国核电项目在发展过程中并没有咨询居民的意见，也没有对居民报告核电站的生产运行状况。这样的"闭门发展"的状况在一定程度上加剧了居民对核电站的担忧与对政府、核电运营商及国内媒体的不信任。在大亚湾居民表示自己更相信香港媒体对核电站信息的报道。核（能）作为一个相对来说比较敏感的话题，一直没有在公共领域中被各种传媒广泛讨论。可以说，在中国境内媒体不但没有放大反而弱化了核电风险，而媒体对福岛核事故的广泛宣传塑造了我国大众的核风险意识。大众在已经开始对核风险表示恐惧和担忧的同时，也对政府、核电运营商及媒体产生怀疑。因此在福岛核事故后继续使用"闭门发展"的方法会使大众的反核意识更加强烈。政策制定者在发展新的核电项目和现有在建项目时应该特别注重信息的公开化及透明化。在风险的社会放大的概念框架下，学者们强调更有效的风险沟通，使大众省却对于风险不必要的担忧，并且接受更加客观、科学和真实的知识。在这方面，核工业企业应该与社区合作，通过日常生活中的宣传教育扭转居民对核电项目的恐惧心理以及对于政府的不信任态度。传媒应该获得更多的空间去发布与核电相关的信息。从我国在日本"3·11"核事故之后发生的"抢盐风波"可以看出，由于在事件中官方发布的信息量不够，大众容易相信通过互联网、手机等通信工具传播的谣言。如果在类似的事件中官方一直采取掩盖信息的方式，那么大众更会倾向于相信谣言而不愿意相信国家通过正规渠道发布的信息。为了防止这种恶性循环的发生，政府应该给主流媒体更大的自由度去报道与核能有关的各种信息。另外，在准备发展新的核电项目之前，应该在选址所在地事先与当地政府联合对居民进行宣传教育。地方政府也应该认识到稳评和环评的重要性，不能走过场。要通过较长时间细致地完成信息收集工作，为有需要的居民或团体提供相关项目开发信息及科学的数据资料。

第二，转换政府的角色，做核电项目的监督者以保证居民权益，而不是核电项目的开发者。

政府在我国核电发展中的角色定位的调整是扭转大众对核电看法的至关重要的一环。当政府被大众置于核电项目的开发者的位置上时，政府在项目中的调节作用便消失了；相反，会激发群众组织的群体性反核活动。虽然大埔县的居民和大亚湾附近生活的居民并没有组织任何形式的反核活动，但"江门事件"说明了政府角色的失调。当政府处于核电项目监督者的地位时，大众认为开发商谋取利益最大化、忽视居民权益的商业运作模式受到政府监管；当大众认为自身利益受到侵害时，只需通过有效的途径求助于政府，政府就会纠正开发商的运作模式。在这样的机制下，不需要通过组织群体性反核活动的方式表达意见。但是在中国，政府在一定程度上是核电项目的开发者，而核工业企业只是政府委托的开发商，在这样的角色定位下，当大众感到自身利益受到侵害时，其矛头直接指向政府。往往只有通过组织群体性反核活动、通过传媒的宣传发动更广泛群众的参与才能更给政府施加一定的压力而停止项目开发。这样的模式为政府的有效治理和维护稳定发展带来极为不利的影响：使政府的治理成本增加，在人民群众中的形象受损，并形成类似于垃圾焚烧厂和 PX 项目这样的"逢上必反，逢反必成"的模式。所以政府应该调整角色，成为监督者而不是开发者。从我国核电发展的历史进程来看，政府的角色已经在一步步调整。从最开始的大亚湾核电站由广东省政府牵头建设，到现在核电项目由中国核工业集团公司、中国广东核电集团有限公司及中核投资有限公司 3 家国有企业开发，国家审核在制度上已经发生了形式上的转变。但是由于 3 家核工业企业与政府之间千丝万缕的关系还未厘清，虽然在形式上我国的核电将要走企业开发、政府监督的路子，但现实操作上政府的角色调整还需要进一步深化。

第三，建立多角色共同参与的平台，畅通意见反馈渠道。

当政府角色转变后，则需进一步完善意见反馈和多角色参与的风险治理机制。政府在制定核电发展政策的过程中应该借鉴西方国家的经验，致力于搭建使多方（包括政府机构，工业、科学及学术界，非政府组织，传媒，以及利益相关者）参与的平台。政府应致力于加强核技术专家、核工业企业和大众的交流对话。在多角色参与之前，首先应该讨论各种角色的建立。在我国，科学界和学术界的角色有一定的缺失，关于这一点，中科院的王大洲教授在其关于危险事故鉴定的机构研究的会议论文中讨论过我国缺乏独立科研机构的现状。也就是说，在我国科学界的专家几乎都来自政府资助的大学和科研机构，其科研经费来自国家拨款或来自企业赞助。在这样的背景下，科学界和学术界可以说是服务于政府和国有企业。而在欧美国家，一般存在独立的研究机构和独立于政府和企业之外的第三方科学机构，对核电站的技术风险进行评估，并参与核电项目的决策过程。在非政府组织方面，我国的情况也不容乐观。我国的民间环境保护组织存在组织、制度、经费来源、人员等各方面的不完善，而且这些民间环境保护组织也都没有从事过与核项目有关的活动。因此，现阶段在我国的核电问题上真正有参与意愿的只是一些利益相关者，而他们面对的就是核工业企业以及企业背后的政府。利益相关者只能通过各自所掌握的资源寻找渠道反馈意见，因此就形成了利益相关者在体制内和体制外对核电事务的参与机制。但这种参与由于缺乏非政府组织和科学界的帮助而最多只能通过媒体曝光对个别项目产生短期的影响，无法形成畅通的意见反馈渠道和多角色共同参与的良性决策机制。因此在这方面政府还需要进一步推动体制改革，为社会力量的发展提供更多空间和帮助。

第四，大力发展新能源。

从我国现在所面临的气候变化问题以及空气污染问题来看，继续大力发展火电会使情况进一步恶化。而水力发电虽然有效地缓解了电力紧张的状况，但是水电项目所带来的生态破坏问题也日益凸显。虽然国家希望大力发展核电，但是受到铀存量、技术分歧和居民反对等各种问题的影响，核能在未来也很难成为可靠的能源供给来源。所以，解决能源供给及分布不均、气候变化和空气污染等难题必须依靠进一步开发和利用新能源。这不仅仅是中国，也是全球能源利用的发展趋势与方向。

参考文献

Allan, S. , Adam, B. and Carter, C. 2000. "Introduction: The Media Politics of Environmental Risk," In *Environmental Risks and the Media*, edited by S. Allan and B. Adam, C. Carter, pp. 1 – 26. London and New York: Routledge.

Arcury, T. , Scollay, S & Johnson, T. 1987. "Sex Differences in Environmental Concern and Knowledge: The Case of Acid Rain," *Sex Roles* 16, pp. 463 – 472.

Beck, U. 1992. *Risk Society: Towards a New Modernity*. London, Sage.

Beck, U. 1995. *Ecological Politics in an Age of Risk*. Wiley.

Beck, U. 1998. "Politics of Risk Society," In *The Politics of Risk Society*, edited by J. Franklin, pp. 9 – 22. Polity Press.

Beck, U. 1999. "World Risk Society," Polity Press.

Beck, U. 2000. *The Brave New World of Work*. Cambridge: Polity Press.

Beck, U. 2008. *World at Risk*. Cambridge: Polity.

Blowers, A. , Lowry, D. and Solomon, B. 1991. *The International Politics of Nuclear Waste*. London: Macmillan.

Bryman, A. 2004. *Social Research Methods*. Oxford University Press.

Bickerstaff, K. , Lorenzoni, I. , Pidgeon, N. F. , Poortinga,

W. and Simmons, P. 2008. "Reframing Nuclear Power in the UK Energy Debate: Nuclear Power, Climate Change Mitigation and Radioactive Waste," *Public Understanding of Science* 17 (2): 145 – 169.

Cao, C. 2004. *China's Scientific Elite*. Routledge.

Cappellano-Sarver, S. 2007. "Naval Implications of China's Nuclear Power Development," In *China's Future Nuclear Submarine Force*, edited by A. S. Erickson, L. J. Goldstein, W. S. Murray and A. R. Wilson, pp. 114 – 134. China Maritime Studies Institute and Naval Institute Press.

Chen, A. 2002. "Capitalist Development, Entrepreneurial Class, and Democratization in China," *Political Science Quarterly* 117 (3): 401 – 422.

Chen, A. 2003. "Rising-Class Politics and its Impact on China's Path to Democracy," *Democratization* 10 (2): 141 – 162.

Cho, Y. N. 2002. "Form Rubber Stamps to Iron Stamps: The Emergence of Chinese Local People's Congresses as Supervisory Powerhouse," *The China Quarterly* 171: 724 – 740.

Cho, Y. N. 2006. "The Politics of Lawmaking in Chinese Local People's Congresses," *The China Quarterly* 187: 592 – 609.

Clarke, L. & Short, J. F. J. 1993. "Social Organization and Risk: Some Current Controversies," *Annual Review of Sociology* 19 (1): 375 – 399.

Douglas, M. A. and Wildavsky, A. 1982. *Risk and Culture: An Essay on the Selection of Technological and Environmental Dangers*. University of California Press.

Elliott, A. 2002. "Beck's Sociology of Risk: A Critical

Assessment," *Sociology* 36 (2): 293 – 315.

Ewald, F. 1993. *Der Vorsorgestaat.* Suhrkamp, Frankfurt a. M.

Fan, M. -F. 2006. "Environmental Justice and Nuclear Waste Conflicts in Taiwan," *Environmental Politics* 15 (3): 417 – 434.

Fang, X. 2013. "Local people' s understanding of risk from civil nuclear power in the Chinese context," *Public Understanding of Science.* published online 12 February, DOI: 10. 1177/0963662512471288.

Feigenbaum, E. A. 2003. *China's Techno-warriors: National Security and Strategic Competition from the Nuclear to the Information Age.* Stanford University Press.

Freudenburg, W. R. and Pastor, S. K. 1992. " Public Responses to Technological Risks: Toward a Sociology Perspective," *Sociological Quarterly* 33 (3): 389 – 412.

Giddens, A. 1990. *The Consequences of Modernity.* Polity Press.

Giddens, A. 1991. *Modernity and Self-Identity: Self and Society in the Late Modern Age.* Polity Press.

Giddens, A. 1998. " Risk Society: the Context of British Politics," In *The Politics of Risk Society*, edited by J. Franklin, pp. 23 – 34. Polity Press.

Giddens, A. 1999. *Runaway World.* Profile Books Ltd.

Goldman, M. and Simon, D. F. 1989. "Introduction: The onset of China's New Technological Revolution," In *Science and Technology in Post-Mao China*, edited by D. F. Simon and M. Glodman, pp. 1 – 22. Harvard University.

Goodman, D. 2008. *The New Rich in China: Future Rulers, Present Lives.* Routledgeimprint of Taylor & Francis.

Guo, Y. 2008. "Class, stratum and group: the politics of description and prescription," In *The New Rich in China*, edited by D. Goodman, pp. 38 – 52. Routledgeimprint of Taylor & Francis.

Hammersley, M. & P. Atkinson. 2007. *Ethnography: Principles in Practice* (2nd *edition*). Routledge.

Hannigan, J. 2005. *Environmental Sociology: A Social Constructionist Perspective.* Routledge.

Hayes, J. 2001. *South China Village Culture.* Oxford University Press.

Hecht, G. 1998. *The Radiance of France: Nuclear Power and National Identity after the World War II.* Cambridge & London: The MIT Press.

Hilgartner, S. 1992. "The Social Construction of Risk Objects: Or, How to Pry Open Networks or Risk," In *Organizations, Uncertainties, and Risk*, edited by J. F. Short, Jr and L. Clark, pp. 39 – 53. Oxford: Westview Press.

Ho, P. 2001. "Greening Without Conflict? Environmentalism, NGOs and Civil Society in China," *Development and Change* 32 (5): 893 – 921.

Ho, P. 2007. "Embedded Activism and Political Change in a Semi authoritarian Context," *China Information* 21 (2): 187 – 209.

Hodge, R. and Kress, G. 1993. *Language as Ideology.* Routledge.

Horlick-Jones, T. 2005. "Informal logics of risk: Contingency and modes of practical reasoning," *Journal of Risk Research* 8 (3): 253 – 272.

Horlick-Jones, T. Prades, A. and Espluga, J. 2012. "Investigating the degree of ' stigma ' associated with nuclear energy technologies: A cross-cultural examination of the case of fusion power," *Public Understanding of Science* 21 (5): 514 – 533.

Irwin, A., Stuart, A. and Welsh, I. 2000. " Nuclear Risks: Three Problematics," In *Risk Society and Beyond*, edited by B. Adam, U. Beck, J. Van loon, pp. 78 – 104. Sage.

Irwin, A. 2001. *Sociology and the Environment: A Critical Introduction to Society, Nature, and Knowledge.* Polity Press.

Irwin, A., Dale, A. et al. 1996. " Science and Hell's Kitchen: the Local Understanding of Hazard Issues," In *Misunderstanding science? The Public Reconstruction of Science and Technology*, edited by A. Irwin and B. Wynne, pp. 47 – 64. Cambridge University Press.

Irwin, A. and B. Wynne. 1996. " Introduction," In *Misunderstanding Science? The Public Reconstruction of Science and Technology*, edited by A. Irwin and B. Wynne, pp. 1 – 18. Cambridge University Press.

Jasanoff, S. 1986. *Risk Management and Political Culture.* New York: Russell Sage.

Jasanoff, S. 1998. " The Political Science of Risk Perception," *Reliability Engineering & System Safety* 59: 91 – 99.

Jasanoff, S. 1999. " The Songlines of Risk," *Environmental Values* 8: 135 – 152.

Jing, J. 2003. "Environmental Protests in Rural China," In *Chinese Society, Change, Conflict and Resistance*, edited by E. J. Perry and M. Selden, pp. 197 – 214. Routledge.

Johnston, A. 1996. " Prospects for Chinese Nuclear Force

Modernization: Limited Deterrence versus Mutilateral Arms Control," *The China Quarterly* 146: 548 – 576.

Kamenstein, D. S. 1988. "Toxic Talk," *Social Policy* 19 (2): 5 – 10.

Kemp, R. 1992. *The Politics of Radioactive Waste Disposal.* Manchester University Press.

Kuchinskaya, O. 2011. "Articulating the Signs of Danger: Lay Experiences of Post-Chernobyl Radiation Risks and Effects," *Public Understanding of Science* 20: 405 – 421.

Luhmann, N. 1993. *Risk: A Sociology Theory.* A. de Guryter, New York.

Litzinger, R. 2007. "In Search of the Grassroots: Hydroelectric Politics in Northwest Yunnan," In *Grassroots Political Reform in Contemporary China*, edited by E. J. Perry and M. Goldman, pp. 282 – 299. Harvard University Press.

Lo, W. H. and S. W. Leung. 2000. "Environmental Agency and Public Opinion in Guangzhou: The Limits of a Popular Approach to Environmental Governance," *The China Quarterly* 163, 677 – 704.

Lupton, D. 1999. *Risk.* London: Routledge.

Lyall, C. and Tait, J. 2005. *New Modes of Governance: Developing and Integrated Policy Approach to Science, Technology, Risk and the Environment.* Ashgate Publishing Limited.

MacFarquhar, R. 1998. "Provincial People's Congresses," *The China Quarterly* 155: 656 – 667.

Manion, M. 2000. "Chinese Democratization in Perspective: Electorates and Selectorates at the Township Level." *The China*

Quarterly 163: 764 – 782.

Manion, M. 2008. "When Communist Party Candidates Can Lose, Who Wins? Assessing the Role of Local People's Congresses in the Selection of Leaders in China," *The China Quarterly* 195: 607 – 630.

Martens, S. 2006. "Public Participation with Chinese Charateristics: Citizen Consumers in China's Environmental Management," *Environmental Politics* 15 (2): 211 – 230.

McKechnie, R. 1996. "Insiders and Outsiders: Identifying Experts on Home Ground. "In *Misunderstanding Science? The Public Reconstruction of Science and Technology*, edited by Irwin, A. and Wynne, B., pp. 126 – 151. Cambridge: Cambridge University Press.

Michael, M. 1996. "Ignoring Science: Discourses of Ignorance in the Public Understanding of Science. " In *Misunderstanding Science? The Public Reconstruction of Science and Technology*, edited by Irwin, A. and Wynne, B., pp. 107 – 125. Cambridge: Cambridge University Press.

Mol, A. P. J. and Carter, N. T. 2006. "China's Environmental Governance in Transition," *Environmental Politics* 15 (2): 149 – 170.

Morgan, D. L. 1997. *Focus Group as Qualitative Research.* Sage.

O'Brien, J. K. 1994. "Agents and Remonstrators: Role Accumulation by Chinese People's Congress Deputies," *The China Quarterly* 138: 359 – 380.

O'Brien, J. K. and L. Li. 1993. "Chinese Political Reform and the Question of Deputy Quality," *China Information* 8 (3):

20 – 31.

Pidgeon, N. F. , Lorenzoni, I. and Poortinga, W. 2008. "Climate Change or Nuclear Power-No thanks! A Quantitative Study of Public Perceptions and Risk Framing in Britain," *Global Environmental Change* 18 (1): 69 – 85.

Pligt. Van Der Joop. 1992. *Nuclear Energy and the Public.* Oxford, UK; Cambridge, USA: Blackwell.

Renn, O. 1982. " Nuclear energy and the public: risk perception, attitudes and behavior," OPUS research report. Internet access link: http: //elib. uni-stuttgart. de/opus/volltexte/2011/5927/.

Renn, O. 1992. "Concepts of Risk: a Classification," In *Social Theories of Risk*, edited by S. Krimsky and D. Golding, pp. 53 – 79. Praeger, Westport, CT.

Renn, O. 2008. *Risk Governance.* , Earthscan.

Shi, H. and L. Zhang. 2006. " China's Environmental Governance of Rapid Industrialization," *Environmental Politics* 15 (2): 271 – 292.

Slovic, P. 1987. "Perception of Risk. " *Science* 1799: 280 – 285.

Slovic, P. 2000. *The Perception of Risk.* London: Earthscan.

Stig, T. 2008. " Frontline Soldiers of the CCP: The Selection of China's Township Leaders," *The China Quarterly* 194: 414 – 423.

Strydom, P. 2002. *Risk, Environment and Society.* Open University Press.

Sullivan, J. and Xie, L. 2009. " Environmental Activism,

Social Networks and the Internet. " *The China Quarterly* 198 (1):
422 – 432.

Szerszynski, B. 1999. " Risk and Trust: The Performative
Dimension, " *Environmental Values* 8: 239 – 252.

Tait, J. 2001. " More Faust than Frankenstein: the European
Debate about the Precautionary Principle and Risk Regulation for
Genetically Modified Crops, " *Journal of Risk Research* 4 (2): 175 –
189.

Tang, S. -Y. andZhan, X. 2008. " Civic Environmental
NGOs, Civil Society, and Democratisation in China, " *Journal of
Development Studies* 44 (3): 425 – 448.

Tilt, B. 2007. " The Political Ecology of Pollution
Enforcement in China: A Case from Sichuan's Rural Industrial
Sector, " *The China Quarterly* 192: 915 – 932.

Tong, Y. 2007. "Bureaucracy Meets the Environment: Elite
Perceptions in Six Chinese Cities, " *The China Quarterly* 189: 100 –
121.

Venables, D. , Pidgeon, N. F. , Parkhill, K. A. ,
Henwood, K. L. and Simmons, P. 2012. " Living with nuclear
power: Sense of place, proximity, and risk perceptions in local host
communities, " *Journal of Environmental Psychology* 32 (4): 371 –
383.

Wang, S. 2008. "Changing Models of China's Policy Agenda
Setting. " *Modern China* 34 (1): 56 – 87.

Wang, Y. -F. 1993. *China's Science and Technology Policy:* 1949 –
1989. Avebury.

Weart, S. R. 1998. *Nuclear Fear: A History of Images.* Havard

University Press.

Welsh, I. 2000. *Mobilising Modernity the Nuclear Moment.* Routledge.

Wen, B. 1998. "Greening the Chinese Media," *China Environment Series* 2: 39 - 44.

Wen, B. 2007. "A Call for Transparency: China's Emerging Anti-Nuclear Movement," *China Environment Series* 9: 106 - 110.

Wilkinson, I. 2001. "Social Theories of Risk Perception: At Once Indispensable and Insufficient," *Current Sociology* 49 (1): 1 - 22.

Woodhouse, E. J. 1981. "The Politics of Nuclear Waste Management," In *Too Hot to Handle: Social and Political Issues in the Management of Radioactive Wastes*, edited by C. A. Walker, L. C. Gould and E. J. Woodhouse, pp. 151 - 183. Yale University Press.

Wynne, B. 1982. *Rationality and Ritual: The Windscale Inquiry and Nuclear Decisions in Britain.* The British Society for the History of Science Ltd.

Wynne, B. 1992. "Misunderstood Misunderstanding: Social Identities and Public Uptake of Science," *Public Understanding of Science* 1: 281 - 304.

Wynne, B. 1996. "May the Sheep Safety graze? A Reflexive View of the Expert-lay Knowledge Divide," In *Risk, Environment and Modernity: Towards a New Ecology*, edited by S. Lash, B. Szerszynski and B. Wynne, pp. 27 - 43. London: Sage.

Wynne, B. 2001. "Creating Public Alienation: Expert Cultures of Risk and Ethics on GMOs," *Science as Culture* 10: 445 -

481.

Xia, M. 2000. "Political Contestation and the Emergence of the Provincial People's Congresses as Power Players in Chinese Politics: a network explanation," *Journal of Contemporary China* 9 (24): 185 – 214.

Yang, G. 2002. "Civil Society in China: A Dynamic Field of Study," *China Review International* 19 (1): 1 – 16.

Yang, G. 2003. "The Co-evolution of the Internet and Civil Society in China," *Asian Survey* 43 (3): 405 – 422.

Yang, G. 2005. "Environmental NGOs and Institutional Dynamics in China," *The China Quarterly* 181: 46 – 66.

Yearley, S. 1996. *Sociology, Environmentalism, Globalization.* London, Sage.

Yearley, S. 2000. "Making Systematic Sense of Public Discontents with Expert Knowledge: Two Analytical Approaches and a Case Study," *Public Understanding of Science* 9: 105 – 122.

Yearley, S. 2005. *Making Sense of Science.* Sage.

Zhao, Y. 1998. *Media, Market, and Democracy in China-Between the Party Line and the Bottom Line.* University of Illinois.

Zinn, J. O. 2008. "Introduction: The Construction of sociology to the Discourse on Risk and Uncertainty," In *Social Theories of Risk and Uncertainty an Introduction*, edited by J. O. Zinn, pp. 1 – 17. Blackwell publishing.

Zonabend, F. 1993. *The Nuclear Peninsula.* Cambridge University Press.

艾玛·休斯、詹尼·基青格、格拉姆·默多克，2010，《媒体与风险》，载彼得·泰勒－顾柏编著《社会科学中的风险研究》，中国劳动社会保障出版社。

安东尼·吉登斯，2011，《现代性的后果》，田禾译，译林出版社。

贝克、邓正来、沈国麟，2010，《风险社会与中国——与德国社会学家乌尔里希·贝克的对话》，《社会学研究》第 5期。

卞继伟，2005，《追求政治文明　提升人大代表角色意识》，《中国青年政治学院学报》第 2 期。

卜玉梅，2012，《虚拟民族志：田野、方法与伦理》，《社会学研究》第 6 期。

陈阿江，2008，《水污染事件中的利益相关者分析》，《浙江学刊》第 4 期。

陈枫等，2007，《韩江上游拟建核电站，汕头、潮州代表团提出询问——1000 多万人饮水可能被污染?》，《南方日报》2 月 5 日。

董建文、高凌云、王法珂，2012，《人为灾害：福岛核事故原因述评及反思》，《山东行政学院学报》第 4 期。

方芗，2010，《从中国核电发展看有关风险问题的公共政策制定》，载《科学技术的社会运行》，清华大学出版社。

方芗，2012，《我国大众在核电发展中的"不信任"：基于两个分析框架的案例研究》，《科学与社会》第 4 期。

费孝通，2007，《乡土中国》，江苏文艺出版社。

冯仕政，2007，《沉默的大多数：差序格局与环境抗争》，《中国人民大学学报》第 1 期。

国家发展和改革委员会，2007，《核电中长期发展规划（2005～2020 年）》。

龚文娟，2013，《约制与建构：环境议题的呈现机制——

基于 A 市市民反建 L 垃圾焚烧厂的省思》,《社会》 第 1 期。

洪大用、肖晨阳,2007,《环境关心的性别差异分析》,《社会学研究》 第 2 期。

胡玉坤,1998,《从承诺到行动——中国妇女环境运动的回顾与思考》,妇女·家园·环境研讨会,全国妇联宣传部。

蒋心雄,1989,《加快发展我国的核电事业》,《中国能源》 第 6 期。

蒋心雄,1995,《抓好机遇,深化改革,促进核工业持续稳定发展》,《中国能源》 第 4 期。

蒋心雄,1997,《真抓实干,开拓进取,增强核工业经济科技实力》,《中国能源》 第 4 期。

李鹏,2004,《起步到发展——李鹏核电日记》,新华出版社。

李永江,2004,《加快我国核电国产化建设的步伐》,《中国能源》 第 1 期。

李友梅,2008,《从财富分配到风险分配:中国社会结构重组的一种新路径》,《社会》 第 6 期。

李宗明,2012,《从日本福岛核事故审视核安全的政府、法律和监管框架》,《核安全》 第 2 期。

林伯强、姚昕、刘希颖,2010,《节能和碳排放约束下的中国能源结构战略调整》,《中国社会科学》 第 1 期。

林婷、许斗斗,2008,《从社会风险探析我国阶级阶层结构变迁》,《发展研究》 第 10 期。

刘江华、丁晓明,2008,《核电经济性分析有关问题探讨》,《电力技术经济》 第 1 期。

刘岩,2009,《风险意识的启蒙与反思性现代化》,《江海学刊》 第 1 期。

路风，2009，《被放逐的"中国创造"——破解中国核电谜局》，《商务周刊》第 2 期。

马驰，1986，《中国核电发展的几个问题》，《能源》第 5 期。

潘自强等，2001，《我国煤电链和核电链对健康、环境和气候影响的比较》，《辐射防护》第 3 期。

皮金、卡斯帕森、斯洛维奇，2010，《风险的社会放大》，谭宏凯译，中国劳动社会保障出版社。

秦晓，2003，《完善各级人大代表与选民、选举单位沟通渠道的思考》，《人大研究》第 2 期。

秦晓，2003，《完善各级人大代表与选民、选举单位沟通渠道的思考》，《人大研究》第 2 期。

任德曦，1990，《我国核电发展战略要素导向》，《中国能源》第 5 期。

荣敬本、赖海荣，1999，《现代企业制度在广东核电的诞生和发展——从广东核电合营有限公司到中国广东核电集团有限公司》，《经济社会体制比较》第 1 期。

石天卓，2009，《中国核电发展经济分析》，《经营管理者》第 15 期。

斯科特·拉什、王武龙，2002，《风险社会与风险文化》，《马克思主义与现实》第 4 期。

苏宁、耿志成，1997，《核电与其它发电方式的经济性比较》，《中国能源》第 9 期。

王绍光，2006，《中国公共政策议程设置的模式》，《中国社会科学》第 5 期。

王绍光，2006，《中国公共政策议程设置的模式》，《中国社会学》第 5 期。

王喜元，2009，《从核弹到核电：核能中国》，中国科学技术大学出版社。

卫广钢，2011，《发展核电是我国能源发展的长期重要战略——专访杜祥琬院士》，《中国核电》第 2 期。

乌尔里希·贝克，2004，《风险社会》，译林出版社。

徐大懋，2005，《加速发展核电——中国能源结构调整的必由之路》，《中国能源》第 8 期。

杨朝飞，2011，《对日本福岛核事故的生态思考——在全国核能行业协会年会的发言》，《核安全》第 2 期。

叶奇蓁，2010，《中国核电发展战略研究》，《电网与清洁能源》第 1 期。

约翰·汉尼根，2009，《环境社会学》第二版，中国人民大学出版社。

约翰·汉尼根，2010，《环境社会学》，洪大用等译，中国人民大学出版社。

张圭阳，2007，《金庸与明报》，湖北人民出版社。

张虎彪，2008，《风险的社会建构——风险社会理论的认识论研究》，《兰州学刊》第 3 期。

张欣，2007a，《核三废治理的重要性怎么说都不为过——访国防科工委系统工程二司司长王毅韧》，2013 年 1 月 18 日，http：//www. cnnc. com. cn/Portals/0/zhuanti/05 - sanfei/p2. htm。

张欣，2007b，《核三废治理需要先进机制——访国家环保总局核安全与辐射环境管理司刘华》，2013 年 1 月 8 日，http：//www. cnnc. com. cn/Portals/0/zhuanti/05 - sanfei/p3. htm。

张欣，2007c，《走产业化发展之路——中核集团公司综合计划部副主任颜延跃谈核三废治理》，2013 年 1 月 8 日，http：//www. cnnc. com. cn/Portals/0/zhuanti/05 - sanfei/p4. htm。

张欣，2007d，《听清原人讲"清源"的故事》，2013 年 1 月 18 日，http：//www. cnnc. com. cn/Portals/0/zhuanti/05 – sanfei/p10. htm。

章剑锋，2012，《中国反核行动浮出水面》，《南风窗》第 6 期。

周凤起，1986，《未来能源发展趋势》，《能源》第 2 期。

周在杞、陆卜良、周宇，2009，《核电发展若干问题的探讨》，《清洁能源与新能源》第 6 期。

周志家，2011，《环境保护、群体压力还是利益波及 厦门市居民 PX 环境运动参与行为的动机分析》，《社会》第 1 期。

朱汉强，1995a，《核电厂指停产责任在法方，仍在保养期应承担维修费》，《香港联合报》。

朱汉强，1995b，《大核一机意外甚虑，反对核电心理探讨》，《香港联合报》。

朱汉强，1995c，《立局求聘独立专家监管核电，保安科恐港府权利未可越境》，《香港联合报》。

朱汉强，1995d，《大亚湾一号机组昨日重新启动，兴建岭澳核电本月也将签署》，《香港联合报》。

朱汉强，1995e，《本港反核组织进退维谷，冯智活坦承反核难做》，《香港联合报》。

朱汉强，1995f，《大亚湾核电厂抗震力备受关注，专家看法各异，望公开更多资料》，《香港联合报》。

朱汉强，1995g，《台风肯特袭港暴露危机，核电厂承认曾为避风停产》，《香港联合报》。

朱汉强，1996a，《大亚湾核电厂十二日两"犯错"，"门外汉"手多多险酿严重事故》，《星岛日报》。

朱汉强，1996b，《大核事故逾半涉及人为，立局环境委会将商讨》，《星岛日报》。

朱汉强，1996c，《大核岭核"埋身肉搏"——风险评估成疑，港人忧虑大增》，《星岛日报》。

朱旭峰，2008，《转型期中国环境治理的地区差异研究——环境公民社会不重要吗?》，《经济社会体制比较》第3期。

后 记

    本书的内容包含了我长达八年的时间里对于核电风险如何在中国的社会背景下被大众建构和大众对核事务的参与的研究与思考。五年的博士研究，两年的博士后研究，一年的重新组织思考和写作过程，现在回头看来，原来是这么愉快。若干年来随我辗转中国、英国两地的资料终于跃然纸上，成为这本专著中的内容。回想起在英国求学的过程，约克和爱丁堡这两个英国最美的城市，来自全球的游客络绎不绝。我在爱丁堡大学的办公室 Old Surgeon's Hall 就在去最负盛名的城堡的必经之路上，院里有一株白色的樱花树。我常常从人流中来到办公室，常常在思考问题时绕着樱花树转圈。有着 400 余年历史的老房子里的冬天是如此寒冷，有时候，只能在咖啡厅里工作驱寒。我非常怀念每周三与 Sian、Isabel、Jee、Paul、James 和淑琳等同事在 Black Medicine 一起喝咖啡的时光，大家总会分享一些趣事和研究进展。这样轻松的聊天和交流既达到了放松思维的作用，又可以产生启发和思想上的碰撞。同事们常常给予我各方面的帮助，从解释晦涩的文献到生活起居。与 Jee 在一起合租的日子是我在英国最美好的时光，对美食的共同爱好让我们在一年的时间里几乎贡献了自己最拿手的中国美食和韩国料理。Sian、Paul 和 Becky 都在英语写作上给予我各种帮助和指导。我还记得曾经让 Sian 为我列出"很有说服力"五种不同的英语表达方法。周末我经常和来自香港的 Lucia 到来自台湾的淑琳师姐家聚会，分享她美味的香辣火锅和炸春卷，当然吃完后就捧着咖啡开始讨论大陆和港澳台的学术研究等问题。而同样来自台湾的 Morgan 师兄总是充满活力，常常为我介绍授课和带讨论课的工作机会。还有从清华大学来访问学习的王成轥、高璐和李正峰教授，从中国科学院来访问学习的朱效民教授和张思光、缪航博士，以及我的中国同事王梅和李沫萱，都为我带来了与国内研究相关的各种信息和帮助。要感谢这些同事和朋友的陪伴，他们让我在爱丁堡的生活如此愉快，从不寂寞。那些阳光灿烂，在 Meadows 喝着啤酒、吃着烤肉的夏日仿佛还在眼前，5 月樱花盛放，6 月、7 月的夏季天空是那么蓝，万里无云，晚上 9 点才开始日落……

我的博士生导师，耶利（Yearley）教授几乎每三周至一个月与我会面一次。每次的会面都让我茅塞顿开，充满学习和研究的动力。耶利教授的要求非常严格，在五年的博士研究过程中，我甚至觉得他的要求过于苛刻，以至于让我怀疑自己是否有能力完成论文获得学位。然而，毕业三年后的现在，我无法用言语表达自己对耶利教授的感谢。如果没有他当时对于研究框架的合理性、材料收集的丰富性，以及论证的反思性和批判性、英文写作的可读性等一丝不苟的要求，也难以有今天这本书的面世。

我的第二导师白馥兰（Francesca Bray）教授多年从事中国和东亚科技史方面的研究，有丰富的田野调查经验。在她的指导下，我得以找到实证研究的方法和切入点。她同时给了我母亲般的关怀，常常鼓励我，并且给予我的研究很高的评价。我要特别感谢她在圣诞节双眼进行手术后的恢复期还为本书作序。在把她的序言翻译、编辑成中文的过程中，我感受到她的支持和期望，为我将来的研究指明了方向。

我要感谢我的博士后合作导师蔡禾教授。他所展现的学者风范和成就是我的终身追求。蔡教授对于年轻老师的帮助和爱护，让我们获得了广阔的研究和自由思考的空间。感谢蔡教授把本书纳入中山大学社会学文库，让我的研究成果得以出版。

我要特别感谢从小一起长大的表姐刘争艳，以及她的先生徐建恒一家。2007年当他们得知我需要在大埔县开展田野调查后，热情地邀请我住在他们家，并调动了自己的全部社会关系帮助我融入当地开展调查。在他们的帮助下，我很快了解了当地的风土人情和社会文化背景，并获得了大量的田野调查资料。这些资料无论是对本书的写作还是日后的研究都起到了核心的作用。

我还要感谢家人一直以来对我的关怀和照顾。首先我要感谢我的先生姜波，由于他的陪伴，我在生活中从不感到孤单。他的存在时刻提醒我，除了工作以外，还有美好的人生。我要感谢我的父母方鹏建和国悦欣。在我的人生路上，他们给了我太多的爱与关怀，无论是精神上还是物质上，他们都全身心地给予我最大的支持。我亲爱的家人，我的所有成就和所得皆归功于你们的爱。

最后要说的是，这本书的完稿不是一个句号。记住你的坚持，记住你的热情，记住你对学术的承诺，前面有无限广阔的未知领域等待探索，走下去！

图书在版编目（CIP）数据

中国核电风险的社会建构：21 世纪以来公众对核电事务的
参与/方芗著 . —北京：社会科学文献出版社，2014.3
（中山大学社会学文库）
ISBN 978 - 7 - 5097 - 5703 - 1

Ⅰ.①中… Ⅱ.①方… Ⅲ.①核能发电 - 社会影响 -
研究 - 中国 Ⅳ.①D669

中国版本图书馆 CIP 数据核字（2014）第 035817 号

·中山大学社会学文库·

中国核电风险的社会建构
　　——21 世纪以来公众对核电事务的参与

著　　者 / 方　芗

出　版　人 / 谢寿光
出　版　者 / 社会科学文献出版社
地　　　址 / 北京市西城区北三环中路甲 29 号院 3 号楼华龙大厦
邮政编码 / 100029

责任部门 / 社会政法分社（010）59367156　　责任编辑 / 单远举　关晶焱
电子信箱 / shekebu@ ssap. cn　　　　　　　责任校对 / 李　俊
项目统筹 / 王　绯　　　　　　　　　　　　责任印制 / 岳　阳
经　　　销 / 社会科学文献出版社市场营销中心（010）59367081　59367089
读者服务 / 读者服务中心（010）59367028

印　　　装 / 三河市尚艺印装有限公司
开　　　本 / 787mm×1092mm　1/20　　　印　　　张 / 10.6
版　　　次 / 2014 年 3 月第 1 版　　　　　字　　　数 / 158 千字
印　　　次 / 2014 年 3 月第 1 次印刷
书　　　号 / ISBN 978 - 7 - 5097 - 5703 - 1
定　　　价 / 45.00 元